家康の誤算

「神君の仕組み」の創造と崩壊

磯田道史
Isoda Michifumi

PHP新書

まえがき――「徳川事故調《じこちょう》」の報告書

どうして徳川政権は消えてしまったのか？

この疑問を持たれる方は、モノを深く考える優れた方に多いと感じます。先に私は『徳川家康　弱者の戦略』（文春新書）で、「弱かった家康が、どうやって天下を獲ったのか？」を語りました。しかし、「成功物語」よりも「失敗事例」を見るほうが、ずっと為になります。現代人も「衰え」に備えなくてはなりません。不敗の仕組みが、どうやってダメになっていったのかを歴史の実例で知っておくのです。

家康は天下を獲ったあと、この国に巧妙な仕掛けをつくりました。そのせいで「神君《しんくん》の平和」の世が長く続きました。しかし、どの政権も不老不死ではありません。必ず衰えます。家康の想定を超え「こんなはずじゃなかった」との誤算が生じて、徳川政権は変質し滅びました。時代状況に合わせて「神君の仕組み」を骨抜きにする人物や政策が次々に現われたのです。この本ではそれを検証します。

歴史書で団体が衰える姿を見ておくと、自分たちの劣化を防ぐ力が養われます。学校の歴史教科書は問題です。政権ができた事実を無味乾燥に記すだけです。なぜ政権が衰え壊れたのか、その理由を丁寧には解説してくれません。歴史用語だけを覚えても、歴史のメカニズムを知らなければ、歴史は人生の役に立ちません。

徳川政権については、歴史学者が膨大な研究を公表しています。ほとんどが難しい本や論文です。それを噛《か》みくだきつつ「徳川」が消えたメカニズムを解説します。

第一に、家康は自分の政権を長持ちさせるため、どんな仕掛けをつくったのか。これを解説します。

第二に、家康が徳川政権を永続させるためにつくった「神君の仕組み」が、どのように骨抜きにされたのかを細かく語ります。いつ、誰が、どのように、なぜ、家康の平和の仕掛けを変えてしまったのかを検証します。薩長《さっちょう》（薩摩《さつま》藩・長州《ちょうしゅう》藩）の新政府だけが徳川政権を壊したのではありません。薩長の維新は最後のトドメを刺したにすぎず、徳川政権の滅亡は長期にわたる制度疲労の結果です。最新の学術研究をふまえ、「徳川政権消滅事故」の事故調査報告書を作成してみたのが、本書です。

第三に、徳川政権が消えてから、我々に残る「徳川の影響」も語っておきます。明治新政府も徳川時代の中から生まれたものです。明治以後の近現代も、我々は「家康のつくった国」と地続きで暮らしてきたのです。現在まで日本人は良きにつけ悪《あ》しきにつけ、「家康のつくった徳川社会」の影響を強く受けています。

最後に、この国の人々の心のうちに分け入って、徳川時代が近現代日本に与えた影響も分析します。年功序列や世襲の多さ、犯罪の少なさ、国民道徳の高さ、家意識や人権意識の行方、天皇・皇族のシステムなど、「日本のつくり」を「徳川」から考えます。

家康の誤算

「神君の仕組み」の創造と崩壊

目次

第一章 家康はなぜ、幕藩体制を創ることができたのか

第二章

江戸時代、誰が「神君の仕組み」を崩したのか

第三章

幕末、「神君の仕組み」はかくして崩壊した

第四章

「神君の仕組み」を破壊した人々が創った近代日本とは

第五章

家康から考える「日本人というもの」

第一章

家康はなぜ、幕藩体制を創ることができたのか

「三強国」に囲まれた松平家《まつだいら》で誕生

徳川家康は寅年《とらどし》です。天文《てんぶん》十一年（一五四二）の暮れ頃、生まれたとされます。いや、本当は年を越して、卯年《うさぎどし》の生まれだったと、自分で生年月日を陰陽師《おんみょうじ》に申告してしまった「証拠」もあります。そのあたりは拙著『徳川家康　弱者の戦略』（文春新書）に書いておきましたので、繰り返しません。とにかく、三河《みかわ》国の岡崎《おかざき》城主・松平広忠《まつだいらひろただ》の嫡男《ちゃくなん》として生まれました。

まずは、その頃の周辺の情勢を見てみましょう。三河岡崎の松平家は、駿河《するが》国の今川家、尾張《おわり》国の織田家、甲斐《かい》国の武田家と、「三強国」に囲まれていました。

今川家は足利《あしかが》幕府における名門の家柄です。戦国大名としては寛容な面がありました。たとえば、大河ドラマ「おんな城主　直虎《なおとら》」で有名になった遠江《とおとうみ》の井伊《いい》家への処遇がそうです。今川家は古い家柄の名門には甘く、滅ぼさずに残すことも多かったのです。井伊家は、のちに徳川家康の重臣になる家で、今川家は井伊家の当主を繰り返し殺しますが、家は滅ぼさず、存続させて、傘下《さんか》に置き続けています。今川家の直轄地《ちょっかつ》として敵を併呑《へいどん》するのではなく、「属領《ぞくりょう》」として旧秩序を活《い》かしながら統治するその手法は、さながら「今川帝国」の感がありました。

その今川家のライバルが、三河の西隣、尾張の織田家です。永禄《えいろく》三年（一五六〇）の桶《おけ》狭間《はざま》の戦いで、今川義元《よしもと》が二万ともされる大軍を率いて尾張に攻め込み、織田信長は『信《しん》長《ちょう》公記《こうき》』に二千に足りない兵数で中島砦に移ったとあることから、「尾張は小国」というイメージがありますが、それは誤った認識です。

桶狭間の戦いの際、「今川帝国」が支配していたのは、駿河・遠江・三河。駿河は約十五万石《ごく》、遠江と三河はそれぞれ二十万石台後半であるのに対して、尾張は優に五十万石を超えています。もちろん、この石高《こくだか》は、三、四十年後の太閤検地《たいこうけんち》の数値ですが、大勢《たいせい》は変わっていません。尾張は一国で、今川の駿河・遠江・三河の三国が、ようやく対抗できるくらいの大国なのです。

しかも、織田の尾張は熱田《あつた》、津島《つしま》などの港町を抱え、流通による富が蓄積されているので、「銭《ぜに》の経済」という点でも豊かでした。

信長の父の織田信秀《のぶひで》は尾張守護・斯波《しば》家に仕える守護代《しゅごだい》の奉行《ぶぎょう》、つまり斯波家の家老の家老から台頭《たいとう》した人です。尾張は「経済大国」ゆえに、何度も三河に侵攻する力がありました。

ここで言いたいことがあります。何度も戦場になりやすい紛争場所は、だいたい決まっているという事実です。地形だけでなく、民族分布や文化の境目が歴史的に戦場になりやすいのです。これを研究する学問を地政学といいます。

実は、家康が生まれた三河国は、日本の中でも最も戦争が起きやすい境目の地でした。東北日本と西南日本の境目にあたるのも一因です。方言や食文化的にも境目といっていい場所です。東の今川勢力と西の織田勢力がせめぎあう政治文化の断層線が走っていました。西三河・尾張国境は「不安定の地」といっていいかもしれません。

現代の地政学では、米領アラスカ・ロシア国境、千島《ちしま》の北方領土、竹島《たけしま》、尖閣《せんかく》、中越《ちゅうえつ》国境、カシミール、アラビア海、黒海《こっかい》、ロシア・ポーランド国境と延びる線を「不安定の弧《こ》」と呼んでいます。この政治体制の違いの断層線上で、多くの国際紛争が起きています。ロシア・ウクライナ戦争も、この線上で起きてしまいました。

さて、日本の三強国の残りの武田家は甲斐の源氏で、今川家よりも古い家柄を誇っていました。なにしろ平安時代の末、源頼朝より先に進んで平氏をやっつけてしまい、頼朝に警戒されて粛清《しゅくせい》を受けたほどの家系です。頼朝のように日本全国の「武家の棟梁《とうりょう》」になれる家柄だという自負がありました。

しかも武田家は、高い軍事技術を維持していました。さらに大永《だいえい》元年（一五二一）には、武田家に戦いの天才が生まれました。信玄（武田晴信《はるのぶ》）です。信玄は甲斐一国から出て周辺諸国を攻略します。家康十歳の頃には、信玄は信濃《しなの》国のかなりの部分を掌握《しょうあく》しています。甲斐も信濃も山深い国です。世界的に山岳民族は戦《いくさ》に強いとされ、傭兵《ようへい》の供給地になる例もみられます。ネパール山岳民族のグルカ兵は有名です（上杉妙子《たえこ》『越境兵士の政治人類学―英国陸軍グルカ兵の軍務と市民権』春風社）。また欧州ではスイスの傭兵が知られます。フランスが山岳地帯のスイス傭兵を雇っていました（菊池良生《よしお》『傭兵の二千年史』講談社現代新書）。

関係ない話ですが、「信州人の一つ残し」という言葉があります。長野県人は大勢で食事をすると、大皿に残された料理の最後の一つを、お互いに譲り合うといわれます。なぜかは知りません。私利私欲で自分勝手に食べるのは恥ずかしい。「名こそ惜《お》しけれ」という意識があるのでしょうか。

この甲斐・信濃の山岳地帯の人々が、信玄たちからハイレベルの指揮・指導を受けて、戦場に出ることになり、強かったのです。武田は日本最強の山岳民を率いて、温暖で平坦な太平洋側の穀倉《こくそう》地帯を、虎視眈々《こしたんたん》と狙っていました。

——尾張の織田・駿河の今川・甲斐の武田。

三つとも強国で、どれか一つでも、敵にするには嫌な相手です。家康の生まれた三河は、この三つに挟まれた気の毒な国です。家康の父・広忠は三強国に挟まれ、なかんずく織田家に領地を奪われて、やむなく一度は織田に降参した事実が近年の研究で明らかになってきています（村岡幹生《みきお》「織田信秀岡崎攻落考証」『中京大学文学会論叢』1）。家康の松平家は周辺の強国に従属し、なんとか家を保《たも》っていました。

そもそも家康の祖父・松平清康《きよやす》は、短期間で三河西部を統一し、岡崎城を居城《きょじょう》にしたものの、天文四年（一五三五）に家臣に殺され、一族間の争いが起きました。嫡子であった広忠は、親戚に岡崎城を奪われて諸国を放浪する身になってしまいます。逃れた先の伊勢《いせ》から駿河に入り、今川家に窮状《きゅうじょう》を訴えたところ、今川義元が大軍で後ろ盾《だて》になってくれて、広忠はようやく岡崎に復帰できたのです。松平家は今川の庇護《ひご》下《か》にあり、岡崎城には今川の代官が詰めていました。家康幼少期の松平家は、まだ自立状態ではなかったのです。

もっとも、松平家が弱い勢力だったかというと、そうでもありません。織田家は信長の父・信秀の代から、三河を攻め続けていました。家康の母の実家である刈谷《かりや》の水野家をけしかけ、あるいは織田家からも兵を送って攻勢をかけましたが、松平家の防御が堅く、岡崎城より先の三河侵略は進んでいませんでした。なぜ、信秀の攻勢に屈《くっ》しなかったのでしょうか。

松平家は元々、西三河の山奥にある松平郷《ごう》にやってきた徳阿弥《とくあみ》という時宗《じしゅう》の僧が、同地の領主・松平信重《のぶしげ》の婿《むこ》養子となり、その後、勢力を伸ばしたことに端《たん》を発しています。つまり、よそ者によって発展した家なのです。当時の感覚では、今川や武田のような名門とはされません。室町幕府の重職にある斯波家の家老の家老だった織田家と比べても、由緒《ゆいしょ》のうえで誇るべきものはありません。

ところが、「松平家はこの一帯の主《あるじ》だ」という意識が、西三河一帯の国衆《くにしゅう》（豪族）たちにはありました。のちに「十八松平」と呼ばれるほど同族が多く、松平家を中心にまとまる素地《そじ》のあった土地柄でした。根っこには、これがあったといえるでしょう。また家康の祖父、清康の功績も大きかったでしょう。若くして三河の一大勢力にまでのしあがった清康は英雄であり、地元のカリスマでした。家康以前の松平家については、平野明夫《あきお》『三河松平一族～徳川将軍家のルーツ』（洋泉社ＭＣ新書）という良い本がありますから、紹介しておきます。

家康は祖父の清康に似た優秀な若様と見なされ、「この若様を中心にまとまっていけば、もう一度、三河の安定・安心が得られるのでは」と、岡崎の人たちから大きな期待を寄せられていました。これが、家康のスタート地点です。

今川家で受けた質の高い教育

徳川家康が三歳のとき、母の於大《おだい》が実家である刈谷の水野家へ戻ってしまいました。天文十二年（一五四三）、当主が水野忠政《ただまさ》から信元《のぶもと》に代わった後、水野家が今川家を離れ、織田家についたことで、於大は広忠に離縁されてしまったのです。今川の力で岡崎城に復帰できたものの、松平家自体の軍事力の規模はたいしたことがないのですから、広忠にすれば当然の選択だったといえるかもしれません。

なお、ドラマなどで、しばしば於大は中年の女性として描かれていますが、このときは実は若いのです。十四歳で嫁《とつ》いできて、子どもを産めるようになってすぐに竹千代《たけちよ》（家康）を産み、実家に帰ったのは十七歳。今風にいうとヤングママです。中学生で結婚し、高校生のときに家康を置いて出ていった、という感じです。

それはさておき、母親がいなくなった家康には、二人の乳母《うば》が用意されたと思われます。ところが、天文十六年（一五四七）、六歳のときに、家康は駿府《すんぷ》に送られることになりました。その際、家臣の子の中から、優れている者が集められて、お供につけられました。いざというときには家康の身代わりになって死ぬことを覚悟していた阿部正勝《あべまさかつ》、性格のいい天野康景《あまのやすかげ》などで、彼らは選び抜かれた「忠義の子ども」でした。また鳥居元忠《とりいもとただ》のように、家康より少し年上の少年が多く、その意味で家康は、自分より経験のある人間をコントロールする訓練を、幼い頃から積み重ねたといっていいでしょう。

ただし、このときは結局、駿府へは行きませんでした。まず、旧来の説から話しましょう。家康の実母に代わって広忠に嫁いだ女性の父が、渥美《あつみ》半島に勢力を持つ戸田康光《とだやすみつ》です。旧説ではこの戸田に裏切られ、家康は尾張の織田信秀のもとに送られてしまったとされます。戸田が海の近くに接待所を設けて家康一行を迎え、「船のほうが早い」と誘って、用意していた船に乗せました。その船が着いた先は駿府ではなく、尾張の熱田だったのです。お供についていた一人の賢い子どもが、目立たぬ下っ端《ぱ》の者に「おまえは（供の）人数に勘定《かんじょう》されていないだろうから、ここを抜け出せ」と言って、岡崎に通報させ、家康の身柄が織田に奪われた報が伝わったとされます。

しかし、近年では、家康の父・広忠が織田家に敗れ、人質を織田家に送ったとする一次史料が見つかり、歴史学者たちは、こちらの説に傾きつつあります。平野明夫編『家康研究の最前線　ここまでわかった「東照神君」の実像』（洋泉社歴史新書y）が、最近の家康研究の進み具合を紹介しています。

いずれにしても、松平の敵である織田の掌中《しょうちゅう》に家康がいたのは確かで、幼い家康が強い緊張状態に置かれたことはいうまでもありません。

一説に、供の一人だった金田与三左衛門《かねだよそうざえもん》が家康を脱出させようとして、織田家の手でむごたらしく殺されていますが、自分のせいで忠義の家臣が死ぬこともあると、家康は幼《おさな》心《ごころ》に刻んだと思われます。

尾張での人質生活は、天文十八年（一五四九）に終わりました。今川家が面子《メンツ》にかけて家康の取り戻し作戦を断行し、成功させたからです。禅宗《ぜんしゅう》の高僧で、今川義元の補佐役だった太原雪斎《たいげんせっさい》の手腕は見事でした。のちに家康の師となった彼が、織田支配下の三河安祥《あんしょう》城を攻め、信長の庶兄《しょけい》・信広《のぶひろ》を生け捕りにし、家康と交換したのです。

これは、今川家がいかに家康を大事にしていたかを物語る話です。実は今川家の戦略は、「三河のプリンス」家康を膝元《ひざもと》に置いて育て、強い結束力を誇る松平家臣団を、対織田の最前線で駆使《くし》・酷使《こくし》するというものだったのです。

しかし今川家の思惑《おもわく》が何であれ、駿府に引き取られて、アメリカナイズならぬ「今川ナイズ」の教育を受けたことは、家康にとって終生《しゅうせい》、大きな財産となりました。

近世になると、教育の場が全国に広がりましたが、中世はそんなことはありません。京都、鎌倉、博多、足利など、限られた拠点にだけ、超高度な学問と教育がありました。駿府は、そうした場所の一つだったのです。

しかも駿府には、太原雪斎がいました。この人物は、学問を修めているのはもちろんですが、さらに今川家のブレーンとして、政治や戦争に参画《さんかく》した僧侶なのです。

家康は雪斎とその周囲から、「畳《たたみ》の上の水練《すいれん》」ではない実践的学問を、供の少年たちと、スポンジのように吸い取っていったと思われます。

また、駿府の今川家には、財力と人脈がありました。京都や奈良から来た文化人や職人など、一流の人々との交流があるため、家康は人も物も一流を見て育っていきます。

弘治《こうじ》元年（一五五五）、家康が元服《げんぷく》したときの鎧《よろい》が、静岡浅間《せんげん》神社に残っています。

甲冑《かっちゅう》を構成する小札《こざね》が細かく、革の装飾は精密で、金具も優美です。岡崎では触れられぬ一流品に、家康は多く接したことでしょう。

余談になりますが、織田信長や豊臣秀吉は、装飾に金《きん》をやたらと使います。特に秀吉の金箔《きんぱく》好きは、真の一級品を幼い頃から見ていないからではないか、と感じます。その点、家康は幼い頃から「本物」を見て、それに接しています。のちに家康は、天下人となった秀吉に従うことになりますが、内心では馬鹿にしていたかもしれません。秀吉の死後、派手な成金《なりきん》装飾を抑えたふしがあります。

さて、駿府を訪れていたのは、一流の職人だけではありません。今川家は極めて京都と関係が深い大名だけに、公家《くげ》たちもやってきていました。家康は幼い頃から、公家やその関係者に接していたので、「中央とは」「天下とは」といったことを、五感で感じ取れる少年時代を送っていたと考えられます。要するに家康は、「今川留学」を通じて、きちんとした学問を学び、一級品を見て、「中央」「天下」というものがわかるようになったといっていいでしょう。現代風に表現すれば、「ハーバード大学でMBAを取った御曹司《おんぞうし》」です。

これは三河の家臣団が家康を仰《あお》ぎ見る要素として、大いにプラスに働いたことでしょう。実際以上に、「ありがたいもの」と見えたのかもしれません。家康は「自己カリスマ化」に成功したといえなくもないですが、期待が大きいだけに、本人の受けたプレッシャーは、相当なものだったでしょう。時折、家康は家臣たちに芝居がかった言動を見せています。その高い自己演出力は、生い立ちによるものなのかもしれません。

桶狭間と本能寺——二度の転機

「人生には上り坂もあれば、下り坂もある。まさかという坂もある」と、小泉純一郎《じゅんいちろう》元首相が語っていましたが、徳川家康も「まさかという坂」を二度、経験しています。

一回目は桶狭間の合戦での今川義元の死、二回目は本能寺の変での織田信長の死です。どちらも家康にとって人生の一大事であり、転機となりました。

永禄三年（一五六〇）、桶狭間の戦いで義元が討ち死にした際、「早く撤退を」と勧める家臣に向かって、「撤退命令が来ていない。間違いだったらどうする」と、家康は応じませんでした。要するに、陣払《じんばら》いを勝手にできないと言ったのです。

家康は、織田軍に攻められていた大高城《おおだか》に兵糧《ひょうろう》を入れ、織田方の丸根砦を落としたところでその報に接し、大高城に籠城《ろうじょう》することにしました。しかし、母の実家で織田方の水野家から、「今川義元は討ち取られた。早く逃げたほうがいい」と報《しら》せが来ました。

これを確報と判断するにいたって、家康は岡崎への撤退を決断します。ただし、すぐに岡崎城へは入らず、近郊にある菩提寺《ぼだいじ》の大樹寺《だいじゅじ》に向かいました。そして、いったんは「自刃《じじん》して義元様を追う」と言って周囲に止めさせたうえで、「今川の城代《じょうだい》は岡崎城を捨てて逃げている。今こそ城を取れる」と家臣たちに言わせ、「捨て城なら拾おう」と岡崎城へ入りました。

この話が本当なら、見事な演技でしょう。二十歳《はたち》に満たぬこの頃、すでに「自分が他人からどのように見えるのか」を計算しながら、自分の利益になるよう、周りを誘導していく政治の寝技《ねわざ》を身につけています。

岡崎城へ戻った家康は、当初は今川家の新当主・氏真《うじざね》から岡崎城に入ることを認められていたふしがあります。丸島和洋《まるしまかずひろ》「松平元康の岡崎城帰還」（『戦国史研究』76）という研究が、それを裏づけています。それは、そうでしょう。放置すれば、織田軍が三河に入ってきますから、織田ストッパーの役割を期待されたのです。

ところが、家康は、だんだん今川家からの自立の動きを見せます。「岡崎に城代を送るから、駿府に帰ってこい」と呼びかけられたりするのです。この段階では、家康の息子（のちの信康《のぶやす》）はまだ駿府にいる状態でした。妻と娘は、家康が岡崎へ移ると「岡崎へ移られた」と、『当代記《とうだいき》』という史料にはあります。しかし、当時、一番大事な嫡男は駿府に留めおかれた状態だったわけです。

家康は、すぐには今川家を離れませんでした。氏真に弔《とむら》い合戦を呼びかけつつ、まず西の織田領への攻撃をしばらく続けました。しかし、氏真の今川家は落ち目です。織田に攻められても、家康を助けに来てくれそうにありません。ここで、家康は今川を見限ることにし、今川の勢力下にあった東三河を、「調略《ちょうりゃく》」といって外交謀略で自分の味方につけていきました。三河の「脱・今川化」「親・家康化」です。

そして、清洲《きよす》城の織田信長と結びました。これは、今川家からの離反《りはん》・敵対を意味します。ところが、氏真は家康が裏切っても、家康の妻、もしくは子を即刻、磔《はりつけ》にしたりはしませんでした。家康の妻は、今川の一門である関口《せきぐち》氏の娘。一族の結束上、すぐには殺しにくいうえ、殺生《せっしょう》は父の追善供養《ついぜんくよう》中に良くないと、氏真は躊躇《ちゅうちょ》したと考えられます。

すると家康は、甲賀《こうか》忍者を使って特殊作戦を敢行《かんこう》しました。永禄五年（一五六二）、三河宝飯《ほい》郡の上ノ郷《かみのごう》（蒲郡《がまごおり》市）城を夜襲して、氏真の親戚である鵜殿長照《うどのながてる》の子たちを生け捕るのに成功するのです。

これを餌《えさ》に氏真と人質交換の交渉をして、嫡男の信康を取り戻すことに成功しました。

以後、今川から独立した家康は、東へ領土を拡大していきます。

ところで、もしも家康や松平家臣団が弱ければ、織田信長は三河を攻め取ろうとしたでしょう。しかし、信長は家康たちの強さや底力を知っていました。親の信秀の代から何度攻めても松平は強く、三河との境を流れる矢作川《やはぎがわ》を越えられたのは一度きりだったからです。

しかも、家康は桶狭間で敗れた後でもすぐには逃げず、今川に義理を立てていました。その家康が危険を冒しながら、信長と結ぼうとしてきたのです。

戦国人は、人間を「言葉」でなく「行動」で判断します。信長は「行動」を見て、きちんと自分に接近してくる家康との同盟は「堅い」「いける」と思ったのでしょう。

武家は、たとえ盟約を交わしたとしても、のちに対立し、戦《いくさ》に発展することが少なくありません。平清盛と源義朝《よしとも》も、足利尊氏《たかうじ》と新田義貞《にったよしさだ》もそうでした。『伊東法師物語《いそくほうし》』という歴史学的には扱いが難しい書物には、「我々はそうならないようにしよう」と、信長と家康が語ったとの脚色が、まことしやかに記されています。事実として、信長と家康の同盟は、ずっと壊れませんでした。

信長が率いる織田家は、家臣を酷使します。いわば「ブラック企業」の面がありました。のちに浅井《あざい》・朝倉《あさくら》連合軍を破った姉川《あねがわ》の合戦等々、家康は信長から理不尽《りふじん》な「お手伝い戦《いくさ》」の要求を突きつけられています。にもかかわらず、家康はそれらを受け入れ続けました。反対に、信長は最強武田軍に襲われる家康を、なかなか助けに来てくれません。それどころか家康は正室の築山御前《つきやまごぜん》と嫡子の信康を死に追いやってもなお、同盟を維持しています。信長と家康の同盟は、鉄壁の盟約だったといっていいでしょう。

二回目の「まさかという坂」は、天正《てんしょう》十年（一五八二）に起こった本能寺の変です。堺《さかい》にいた徳川家康は、信長の死を知るや、甲賀と伊賀《いが》を越えて難を逃れ、本国に戻ることができました。これは一般的には、「神君《しんくん》伊賀越え」と呼ばれています。しかし、辿《たど》った経路を考えれば、「甲賀・伊賀越え」といったほうが正確でしょう。

宇治田原《うじたわら》から甲賀へ行くあたりが最も危険でしたが、周りを固める人数は、我々が想像するより多かったでしょう。家康は護衛を「数千人は引き連れていた」と推測する研究者もいます（黒田基樹《もとき》『徳川家康の最新研究　伝説化された「天下人」の虚像をはぎ取る』朝日新書）。松平家忠《いえただ》という家康の家臣がつけた『家忠日記』には、「此方《このほう》の御人数雑兵《ぞうひょう》ども二百余りうたせ候《そうろう》」とあります。これは「こっちの人数（味方の手勢）に（襲ってきた）雑兵ども二百人余りを討たせせた」と読むべきでしょう。家康は襲来する有象無象《うぞうむぞう》を二百人殺して、辛《から》くも逃げ帰ることができました。

本国の三河に戻った家康が始めたのが、「火事場泥棒《かじばどろぼう》」作戦です。信長の死で空白地となった甲斐・信濃に進駐し、領地を広げ、武田の旧臣を取り込む作業でした。関東の北条《ほうじょう》氏と衝突する難しい作戦でしたが、ここで家康は喉《のど》から手が出るほどほしかった、武田の強力な戦闘力も手に入れることに成功したのです。それは決して簡単ではありませんでした。平山優《ゆう》『天正壬午《じんご》の乱　本能寺の変と東国戦国史　増補改訂版』（戎光祥《えびすこうしょう》出版）が、この戦いの様子を明らかにしています。

家康は、武田の旧臣たちの心をつかむ工夫をしました。家康は彼らの旧主の武田勝頼《かつより》のことも悪く言いません。家康はしたたかです。信長に隠れて、以前から武田軍の猛者《もさ》をかくまったり優遇したりしていました。最強の武田軍の残党はそれを知っていたため、どんどん徳川家に仕官してくれたのです。武田の残党にしても、家康についていけば領地を回復し、お家を再興できるチャンスです。当然、戦闘で奮闘し、それによって家康軍の戦力は格段に上がりました。

この再雇用を担当したのは重臣筆頭の酒井忠次《ただつぐ》ですが、武田家の旧臣は、将来がある若い井伊直政《なおまさ》に預けて「井伊の赤備《あかぞな》え」を編成し、家康は日本最強の野戦《やせん》軍団を有することになったのです。実は、徳川家が天下を獲れた秘密の一つは、軍団に武田旧臣を組み入れ、野戦戦闘力が異様に向上していた点にあるのです。家康は野戦戦闘力で、秀吉軍をこの後の長久手《ながくて》合戦で破りました。長久手で見せた家康の強さを信じて、関ケ原合戦でも、諸大名が家康についてきた面があります。

それにしても、天正十年はすごい年です。武田も、信長も滅びました。家康にとって、信長の死は本当にラッキーでした。なぜなら織田・今川・武田家という三強国がこれで全部なくなったからです。しかも、家康は、この三強国が持っていたものの多くをポケットに収められたのです。これで一気に、家康は天下が狙えるポジションに立てたわけです。

しかし、そこに立ちはだかったのが、羽柴《はしば》（豊臣）秀吉でした。家康と信長の子・信雄《のぶかつ》の連合軍は、天正十二年（一五八四）、秀吉と小牧《こまき》・長久手で戦います。秀吉は大軍を率いて、家康を圧倒しようとしました。

小勢で大軍に勝つ戦い方は、一つしかありません。まず、敵の大兵力が広く分散する瞬間を待つ。次に敵が分散したら、高速で自軍を移動させ、自軍のほぼすべてを敵の一部にぶつけてダメージを与え、さっと引き揚げる――。味方の戦力を集中して、高速打撃、即時撤退する「ヒット・アンド・アウェイ」という戦法です。ただ、これをやるにはハイレベルな諜報《ちょうほう》偵察力と機動打撃力が要《い》ります。目がよく見え、足が速く、敵を殴る力が強くないとできません。

これは中小企業の生き残り術にも通じます。業界動向や顧客ニーズへの目が利《き》き、コストをかけすぎず、すばやく製品を開発して、すみやかに販路を用意し、売れないときには柔軟に方向転換するのです。これがまさに弱者が大軍や大資本に勝つ作戦の基本です。情報力、仕事の速さ、柔軟な意思決定がなければ、小さい者は大きい者に勝てません。

武田家の戦闘部隊を組み入れた徳川軍は、物見《ものみ》（偵察）の質も機動力も向上していたため、長久手の戦いでは「ヒット・アンド・アウェイ」が見事に成功します。そのおかげで家康は、池田恒興《つねおき》や森長可《ながよし》といった、秀吉方の武将を何人も討ち取りました。池田恒興はフキの生えた野原で首を取られたため、子孫の岡山藩池田家の当主はフキを食べなくなったほどです。しかし、あるとき儒者《じゅしゃ》が殿様に「勝入《しょうにゅう》（恒興）様が田んぼで首を取られなくてよかった（米が食べられなくなるから）」と皮肉を言って、以後、殿様はフキを食べるようになったとか。そんな話が私の故郷の岡山には伝わっています。

秀吉は長久手合戦という局地戦で一回、家康に負けてしまったのですが、長い目で見れば、ここはどんなことがあっても、家康の首を取るまで戦うべきでした。しかし、秀吉は間違いを犯しました。秀吉にとって、想定外の障害となったのが天正地震です。近畿から東海、北陸にかけて広い範囲で大地震が起き、秀吉の兵站《へいたん》基地、前線の城が崩壊してしまったのです。高知藩主の山内家の祖になる山内一豊《かずとよ》などは、家来だけでなく家族も圧死しました。一方、家康の根拠地である岡崎城や浜松城は軽い被害ですみました。

ここで秀吉は悩みます。すぐに家康を討つのは不可能になりました。震災復興をやってから、あくまで家康を再討伐するのか、それともこの地震を口実に戦争をやめ、ソフトランディングで家康を平和裏に服従させるのか、秀吉は思案を始めました。

これを見た家康は、素早く外交交渉を仕掛けます。一回勝った優位な立場で、秀吉に臣従することに成功しました。このとき、秀吉は苦しくても家康を殺すまで攻め続けるべきでした。戦国武士の世界は強弱が大事です。秀吉が一回負けた状態で、家康を臣下に組み込んでしまうのは、いただけません。秀吉に一度勝った男・家康を生かしておくと、あとで家康は「秀吉に勝ったことがあるぞ」と信用力で味方を増やし、天下を奪取される恐れがあります。秀吉は自信過剰で警戒心が弱い欠点があり、ミスを犯したのです。

結局、家康は天正十四年（一五八六）に上洛《じょうらく》し、秀吉の傘下《さんか》に入りました。このとき、家康は、秀吉から長船長光《おさふねながみつ》の太刀を与えられています。それは、静岡浅間神社に今も残っています。私は、特別にこれを見せてもらったことがあります。気前のいい秀吉らしく、非常に良い太刀を家康に与えていました。家康にすれば、ラッキー・シンボルの刀ですから、神社に奉納して後世に伝えたかったのでしょう。

信長・秀吉と何が違っていたのか

上洛して豊臣秀吉に臣従する前後に、徳川家康は、正三位《しょうさんみ》や権中納言《ごんちゅうなごん》など高い官位を朝廷から与えられています。鎌倉将軍・源頼朝でも正二位《しょうにい》なので、それに次ぐ高い官位です。一般にはあまり知られていませんが、三位以上とそれ以下では、待遇や名誉に大きな違いがありました。三位以上になると、専用の家政機関の役所（政所《まんどころ》）が持てて、妻の呼び方さえも違ってきて、「政所様」などといわれます。この時代の日本では、三位以上こそが最高クラスの身分と認識されていました。

その後、家康は征夷大将軍職を視野に入れ、秀吉傘下で一時名乗っていた藤原姓をやめて、源姓を称するようになりました。これは「将軍を望んでのこと」だと、如雪《じょせつ》という徳川家に親しい連歌師が語ったことが公家の近衛前久《このえさきひさ》の書状に出てきます。「家康は征夷大将軍を望んでいる」と、都でも認識されていたことを物語っています（笠谷和比古《かさやかずひこ》「徳川家康の源氏改姓問題」『日本研究』16）。

ただ、家康が征夷大将軍を望んでも、それは関白《かんぱく》の秀吉との対立を意味しません。この点は近世史家の笠谷和比古氏が論じています（『関ヶ原合戦　家康の戦略と幕藩体制』講談社学術文庫）。関白の命を受けて、斬り込み隊長役を務めるのが征夷大将軍であり、家康が秀吉の下で征夷大将軍に就任しても、おかしくはないのです。たしかに、源頼朝や足利義満《よしみつ》のような大物の征夷大将軍がいたとしても、江戸幕府成立以前の日本人の感覚では、征夷大将軍は現代人が思うほど高い地位ではありません。武家には名誉の地位ですが、日本全体の政治で見ると、さらに上に摂政・関白や三公（太政大臣・左大臣・右大臣）と呼ばれた大臣たちがいて、席次でも、その下になる地位にすぎなかったのです。

ここで指摘したいのは、家康が秀吉との「棲《す》み分け戦略」をとったということです。家康はなるべく相手とぶつからずに、自分の利益を確保する志向性がある点で、信長や秀吉と異なります。信長や秀吉は、「ことごとく自分のものに」という考えでした。

死生観にしても、「一度生《ひとたび》を享《う》け、滅《めっ》せぬもののあるべきか（人間は必ず死ぬ）」と信長は口ずさみ、秀吉は辞世《じせい》で「露《つゆ》と落ち、露と消えにし我が身かな」と詠《よ》んでいます。

二人は自己の個体消滅を前提に、一代限りの大事業として、海を越えて朝鮮や中国を攻め取り、インドまで行こうというような、でかいことをやりたがる死生観を持っていました。

一方の家康は「家は長久《ちょうきゅう》」という思想です。徳川家も天下万民《ばんみん》も「家を続かせること」を重視しました。だから、徳川家が征夷大将軍を世襲しますが、徳川は大名たちが忠義を尽くす限りは不始末《ふしまつ》も大目に見て、一万石くらいは保障するのです。家康は、「永続と安心」を与える姿勢を持っていました。これが、少なからぬ武家から支持され続けた一因でしょう。

徳川時代は、「家の永続」を庶民までが信仰し始めた時代です。百姓《ひやくしよう》が希望する政治意見を書いてお上《かみ》に出した古文書に「百姓成《な》り立《た》ち」とか「百姓取り続き」という文言が頻出《ひんしゆつ》します（磯田道史「承応～寛文期岡山藩領における村方騒動―池田光政《みつまさ》『御諫箱之書付《おいさめばこのかきつけ》』の分析」『地方史研究』47－2）。お上は百姓の家が成り立ち、取り続くようにしてほしい。これが徳川時代の民の政治思想でした。徳川農民の経営永続の志向については、深谷克己《ふかやかつみ》『百姓成立《なりたち》』（塙《はなわ》選書）という好著があります。

では、家康の朝廷・公家とのつきあい方は、どうでしょうか。秀吉はなかなか高圧的でもありました。「明智光秀に味方したのでは」と、秀吉は朝廷の中心人物であった近衛前久を疑っていたふしがあります。前久は秀吉を恐れ、京都から家康のいた浜松まで逃げました。そうしておいて秀吉は、二条昭実《にじょうあきざね》から関白を譲ってもらいます。その代わりに秀吉は、二条家にゆかりの深い醍醐寺《だいごじ》を大々的に建て直し、復興させるわけです。

応仁《おうにん》の乱以後、困窮《こんきゅう》している公家に利益供与をして、譲歩を引き出したわけですが、こうしたやり方がそう長く続くはずもありません。何より問題なのは、秀吉の政権が公家の権益を侵害したことでした。関白、大納言、中納言など、三位以上のポストに、秀吉は自分の親戚や家来をどんどん座らせたのです。官職には定員があります。公家は押し出されてしまい、昇進できません。氏素姓《うじすじょう》のわからない秀吉の手下たちが、朝廷の最高官職にずらりと並ぶのです。公家は内心、秀吉政権に不満を持ったことでしょう。

家康のやり方は、秀吉と正反対です。家康は慶長《けいちょう》二十年（一六一五）に豊臣家を滅ぼすと、「武家諸法度《しょはっと》」「禁中並《きんちゅうならびに》公家諸法度」を発して、武家の官位は定員外、つまり公家の官位の外でつくるから迷惑をかけない、と宣言したのです。武家の官位が公家と別枠であれば、公家はポストを奪われないので、徳川政権を転覆《てんぷく》しようなどとは考えなくなります。したがって朝廷、公家との関係は、良好に保たれるわけです。

信長や秀吉はことごとく他に強制、他を侵害しがちでした。それで、下の者は「信長疲れ」「秀吉疲れ」を起こしてしまいます。一方、家康は相手側に「ここまでしか踏み込まない。だから、こちらにこれだけは奉仕《ほうし》せよ」と、余地を残して「分限《ぶんげん》の棲み分け線」を引きながら統治しようとしました。

「分」という持ち場の「限り」を守っていれば、家の永続が保障される仕組みを、日本全土につくり、長期政権への道を切り拓《ひら》いたのです。

家康による「家の再生劇」に学ぶ

江戸時代は「鎖国《さこく》」というイメージが強いのですが、徳川家康は海外に高い関心を持っていました。ヨーロッパとの外交を制限し始めたのは、二代将軍・秀忠《ひでただ》からで、いわゆる「鎖国」体制が出来上がったのは、三代将軍・家光《いえみつ》のときです。したがって「鎖国」は、家康の政策ではありません。家康は大変旺盛《おうせい》な好奇心の持ち主で、眼鏡《めがね》をかけ、鉛筆を使うなど、合理的で、使えそうな舶来品《はくらいひん》はすべて使って試す人でした。

面白いことに、家康は地球儀を見て鋭い指摘をしています。それは、「ヨーロッパへは、北に向かうルートが一番近いはずだから、蝦夷地《えぞち》のほうに進めばやがてヨーロッパに着くだろう」という北極海航路開発の提案です。「資金援助をするからやってみないか」と、外交の顧問役を務めた三浦按針《みうらあんじん》（ウィリアム・アダムス）と話しています（フレデリック・クレインス『ウィリアム・アダムス――家康に愛された男・三浦按針』ちくま新書）。家康は日本国内を見ていたのと同じ目で、ヨーロッパ情勢をよく観察し、どこか一国に偏《かたよ》る外交をせず、常に警戒を怠《おこた》りませんでした。

ところで、外国人の側は家康をどのように捉《とら》えていたのでしょうか。外国人から見た家康評として代表的なものに、スペインのフィリピン総督だったドン・ロドリゴの記録（『ドン・ロドリゴ日本見聞録』）があります。慶長十四年（一六〇九）、フィリピンのマニラからメキシコに向かっていたドン・ロドリゴの船が暴風雨にあって難破し、上総《かずさ》国の海岸（現在の千葉県夷隅《いすみ》郡御宿《おんじゆく》町）に漂着しました。このとき一年近く日本に滞在した彼は、駿府城で家康に会い、「尊敬すべく愉快な容貌《ようぼう》をしており、秀忠のように色が黒くなく、肥満していた」と書いています。

家康は最初、表情を変えずにドン・ロドリゴをじっと観察し、信用できるとわかると好意を示してニコッと笑った、と記録されています。初対面の他人には、そうやって応対していたのでしょう。

ただし、ヨーロッパ人たちは、家康を悪く思うこともあったでしょう。うら若い女性たちを大勢周りに侍《はべ》らせていたからです。家康は子どもがたくさんほしくて、若い側室が何人もいました。しかし、キリスト教徒からすると、それは好色のなせるところであり、受け入れがたい悪徳の罪に見えたはずです。

また、慶長十六年（一六一一）に来日したスペインの使節セバスティアン・ビスカイノの『金銀島探検報告』によれば、家康の側近だった本多正純《ほんだまさずみ》が一切、自分では贈り物を受け取ろうとせず、リストを作って、すべて家康に献上《けんじょう》したといいます。おそらく家康は、献上された石鹼《せっけん》を使って、手や身体《からだ》を洗っていたのでしょう。

ヨーロッパとの関係も面白いのですが、家康は東アジア外交を立て直しています。秀吉が朝鮮半島への出兵で無茶苦茶に破壊した東アジアの秩序を再構築したのです。日本・明《みん》・朝鮮といった極東アジアの国家外交は、ややこしい面があります。原因は中国の歴代王朝が持っていた「中華思想」です。この世界には、漢字の文明を持つ中心の「華」すなわち中国と、そこからはずれた夷《えびす》の野蛮な国がある。文明の中心の中国が周辺の野蛮国に良い影響を与え、野蛮国は中国に従属すべきだとの考えです。

国と国には上下関係があるという考えにより、親分の中華の国は、子分の周辺国に家来扱いを含んだ外交関係を要求してきます。日本でも秀吉などは、この考えの影響を強く受けていました。中華の「文明」の代わりに、日本は「武威《ぶい》」がある国である。だからアジアの周辺国の上に立つべきだ、という覇権国の考えです。これは多かれ少なかれ、徳川日本にもあった考えです。日本も小さめの中華思想を持っていたわけです。これを「日本型華夷《かい》秩序」と呼ぶ研究者もいます（荒野泰典《あらのやすのり》『近世日本と東アジア』東京大学出版会）。

特に東アジアは、国家同士がマウントをとりあうものですから、外交が難しいのです。明との外交でも、どこの国の年号を使うか、という問題が起きました。明など「中華帝国」は、暦《こよみ》と年号を周辺の従属国に授けて使わせています。冊封《さくほう》といって、朝鮮国王や琉《りゅう》球《きゅう》国王は中華皇帝の使いが来て国王任命式をやります。ですから朝鮮や琉球では、中国の年号を使用しました。しかし、日本は中国の年号は使いません。天皇が定めた独自の元号があります。日本は中国の銭を輸入して使っていましたが、冊封も受けませんし、年号も独自ですし、暦も江戸時代の途中からは独自のものを作って使うようになりました。

家康も明との外交には苦心します。年号の使用などの問題で、一時、外交交渉は暗礁《あんしょう》に乗り上げそうになりますが、実利を取る家康は「棲み分け」で対処します。つまり、国家間の朝貢《ちょうこう》貿易はしないが、中国の商人の船が来るぶんにはかまわない、という妥協策をとったのです。

これは良い方法でした。中国や朝鮮などとは直接つきあわず、誰かを間に入れて間接的につきあうのです。家康とその後継者は「ワンクッションを置く」外交スタイルを採用しました。たとえば対馬《つしま》の宗《そう》氏に朝鮮、松前《まつまえ》氏に蝦夷地、島津《しまづ》氏に琉球と、仲立ちの窓口をつくって担当させる方式です。いってみれば、代理担当のいる外交です。

このように家康は、海外の多くの国々と平和的に関係を築きました。家康ほどたくさんの国々と外交をやった人物は、それまでいません。その点でも家康のスタンスは評価できるでしょう。

余談になりますが、織田信長が本能寺の変で死ななかったら、家康はどういう人生を歩んだのだろうか、と思うことがあります。

おそらく信長は、まず箱根の足柄《あしがら》山の下まで家康に進出させ、北条攻めの先兵を担《にな》わせたはずです。その後、伊達政宗《だてまさむね》など、奥州《おうしゅう》の大名征伐《せいばつ》に動員され、信長の部将として家康は北へ進んでいったことでしょう。ここからはSF小説風の空想ですが、信長は海外への乗り出しに熱心です。家康を蝦夷地に向かわせた可能性も考えられます。信長のことだから、蝦夷地だけに留《とど》まらないかもしれません。三河武士が蝦夷地を開墾《かいこん》しながら、千島列島沿いに北進し、ベーリング海峡を渡ってアラスカに入り、そこから海岸沿いに南下して、アメリカ先住民が住んでいる地域に到達し、三河衆が浄土宗《じょうどしゅう》を持ち込むなどと空想もひろがります。

＊　＊　＊

歴史と我々が地続きなのを認識するのは、大切なことです。徳川家康の生涯《しょうがい》は、令和の日本に参考となるものを多く含んでいます。

たとえば昭和の敗戦後、日本は日米安全保障条約で、アメリカの軍事力の傘の下に入りました。まさか、松平広忠が今川家の庇護下に入った史実に通じるとまではいいません。ただ松平・今川同盟を観察するのは、現代社会を考える目を養います。超大国であったアメリカの覇権が翳《かげ》りを見せ始め、新興大国の中国と対立し始めた昨今、伝統の今川家と新興の織田家の対立の史実を見て、似ている所は似ている、似ていない所は似ていない、と考えを深めてみるのも、無駄ではないでしょう。

徳川が強い領国拡張志向を持った武田家に背後を脅《おびや》かされ続けた恐怖は、大国に囲まれた今日《こんにち》の日本を彷彿《ほうふつ》とさせます。

また松平家（徳川家）は、家康の祖父・清康の代に最盛期を迎え、父・広忠の代に没落し、そこから盛り返して天下の家となりました。令和の日本も、祖父の代に高度成長で栄え、父の代に平成のバブル崩壊で落ちぶれ、残念ながら没落の最中です。この国を再生するには、どうすればよいのか。家康による「家の再生劇」に学べることも、少なくないのではないでしょうか。その再生の方法については、前出の『徳川家康　弱者の戦略』に譲り、本書では、家康がつくった天下の仕掛けの謎を追っていきたいと思います。

第二章

江戸時代、誰が「神君の仕組み」を崩したのか

本章では、家康作の「平和の仕掛け」が、その後、どのように変更されていったのかを述べます。家康の徳川政権は長い平和をもたらしました。しかし、時代が下ると、家康が想定しなかった問題も出てきます。家康がよかれと思って作った制度が、時代の変化で、かえって幕府を苦しめることにもなりました。これが「家康の誤算」です。家康の幕府はなぜ長期政権となったのか。そして、なぜ崩壊するにいたったのかを、この「家康の誤算」をキーワードに読み解いていきたいと思います。

慶長《けいちょう》八年（一六〇三）、家康は征夷大将軍となって、江戸に幕府を開きました。その後、慶長二十年（一六一五）の大坂夏の陣で豊臣家を滅ぼし、元号を「元和《げんな》」と改めました。この元号には、「平和の元」という意味が込められています。

この年、家康は「武家諸法度《しょはっと》」と「禁中《きんちゅう》並《ならびに》公家《くげ》諸法度」を、それぞれ伏見《ふしみ》城、二条城に代表者を集めて、申し渡しました。以心崇伝《いしんすうでん》という学僧を自らのブレーンとして、新しい国家制度を定めていったのです。おそらく家康の念頭にあったのは、武家政権を確立した源頼朝だったでしょう。頼朝も大江広元《おおえのひろもと》というブレーンを持っていました。

家康は崇伝に過去の制度・法令を調べさせ、鎌倉幕府風を巧みに装《よそお》いながら、当時の日本と日本人に合う統治の型を作り上げました。朝廷、大名だけでなく、庶民にいたるまで、この型を守らせる方法で、平和を維持しようとしたのでしょう。家康が「平和の基《もと》」になるような制度を作ったことは疑い得ず、そのおかげで、徳川幕府は二百六十五年の長きにわたり続いていきました。

ただし、続いたのは政権だけで、その制度と政策は時流とともに変わっていきます。「神君《しんくん》」家康のつくった仕組みを変え始めたのは、二代将軍・秀忠《ひでただ》。そして、大きな変更があったのは、三代・家光《いえみつ》、八代・吉宗《よしむね》、十四代・家茂《いえもち》の時代です。

もちろん、家康のつくった仕組みを変えたことで、幕府に良い結果をもたらしたものもあります。しかし、中には、家康のルールを変えてしまったがゆえに、「幕府の命脈《めいみゃく》を縮めてしまう結果に繋《つな》がったのでは」と思えるケースも多いのです。

政策史、制度史で思い浮かぶのは、江戸時代後期の歴史学者・頼山陽《らいさんよう》の『通議《つうぎ》』という政論書です。古代から当時にいたるまでの、国家のあらゆる制度を通覧し、利害得失を論じたもので、私は名著だと思っています。

以下、頼山陽に倣《なら》い、家康の政策がどのように壊れていったかを見ていきながら、徳川幕府の変質を追ってみましょう。

改易《かいえき》制度の緩和――有力な外様《とざま》大名が生き残る

まずは、国内統治です。家康がつくった平和の仕組みを、徳川の子孫たちが「改悪」してしまった話からしましょう。一番やってはいけなかったのは、改易《かいえき》制度の緩和です。

徳川幕府が政権を維持できなかった理由の一つとして、大名家のお取り潰し、つまり改易の制度を緩《ゆる》めてしまったことで、薩摩《さつま》の島津《しまづ》家や長州《ちょうしゅう》の毛利《もうり》家などの強敵を残してしまった失策《しっさく》が挙げられます。

軍事力と経済力の基になるのは、領地です。全国約三千万石《ごく》のうち、幕府は約八百万石を将軍と旗本《はたもと》の直轄領《ちょっかつりょう》とし、さらに約四百万石を親藩《しんぱん》や譜代《ふだい》大名などでおさえていました。

残りの約千八百万石が、関ケ原以降に家康に従った外様《とざま》大名の領地になりますが、家康は、それを安易には取り上げない政策をとりました。

「謀叛《むほん》の疑いがある」などと言いがかりをつけて、頻繁《ひんぱん》に外様大名を改易すれば、誰しも不安にかられます。すると「改易される前に謀叛を起こしてしまえ」と、反乱を誘発する

■大名の配置〈寛文４年（1664）〉

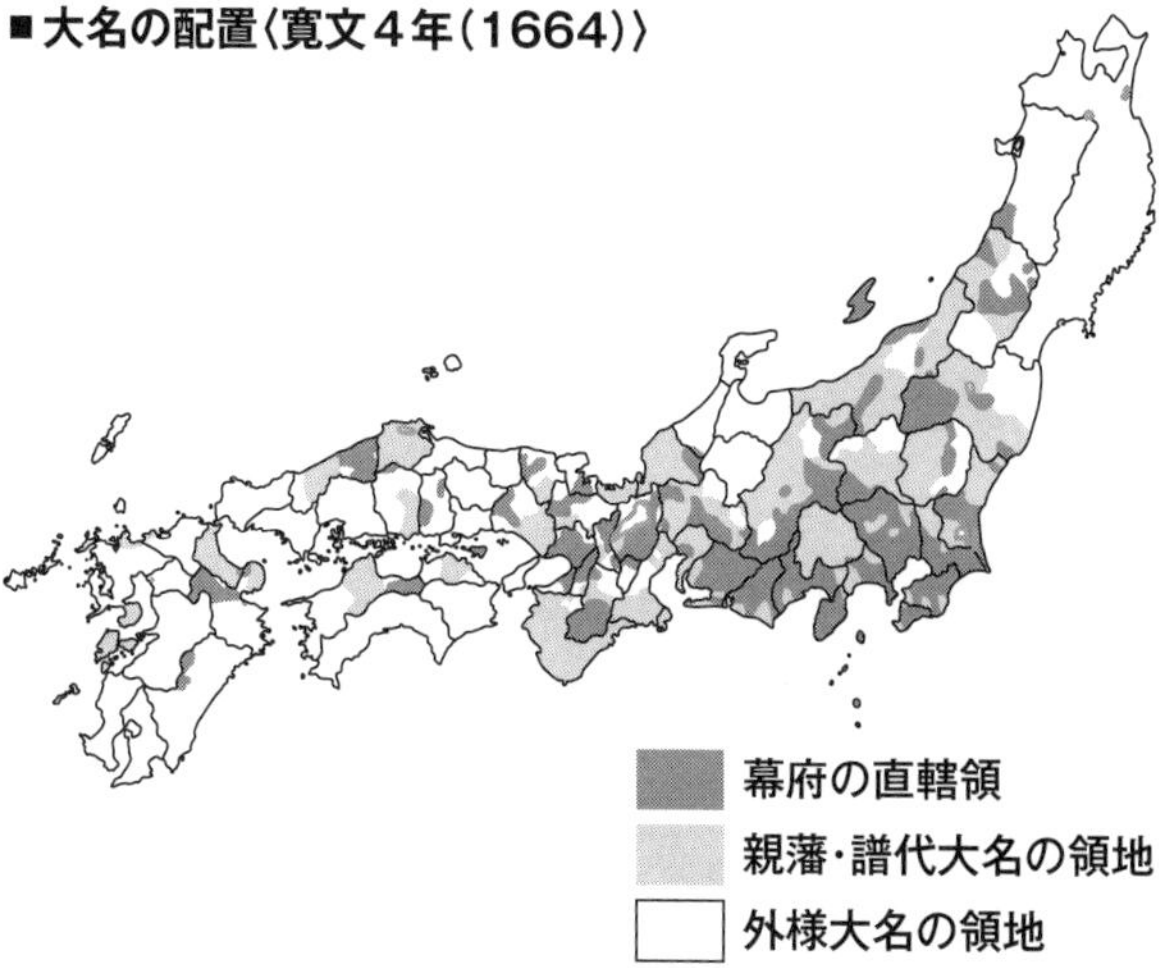

参考資料：『図説日本史』（東京書籍）ほか

危険が高まるため、家康は配慮し、できる限り、大名の存続を保障して争いの火種を消したのです。

　また、別の領地に移す「転封《てんぽう》」にも、慎重な方針を堅持《けんじ》していました。

　徳川譜代は忠実ですから「鉢植《はちう》え大名」として領地を動かしてもいいのです。問題は、東北や九州の大きな外様大名でした。外様大名に無理やり国替えを強《し》いると、戦《いくさ》に繋がりかねません。外様大名の中には、佐賀鍋島《なべしま》藩のように、「幕府が領国に手を出してきたら、槍先《やりさき》につけて渡すべし」、要するに、徳川が肥前《ひぜん》国を取り上げると言ってきたときには戦え、と藩祖《はんそ》が言い遺《のこ》した家さえあります。

家康に始まる徳川幕府は、外様相手の面倒な戦いを避けようとしたふしがあります。一方で、跡継ぎがない場合は、容赦《ようしゃ》なく大名を改易して消滅させました。これは「無嗣《むし》改易制」といわれ、なかなか厳しいものでした。家康から八代・吉宗の直前までは、頻繁に行なわれて、外様も譜代も親藩も、大名家がどんどん消えたのです。

早い時期では、関ケ原での裏切りによって備前《びぜん》・美作《みまさか》五十万石を得た小早川秀秋《こばやかわひであき》の家が、幕府が開かれる前年の慶長七年（一六〇二）に消えました。秀秋が嗣子《しし》なくして没すると、家康は小早川家を改易にしています。

秀秋の養父・小早川隆景《たかかげ》は毛利の一族であり、秀秋自身は豊臣秀吉の妻の甥《おい》でした。当時、大坂城にはまだ秀吉の遺児・秀頼《ひでより》がいました。小早川家が近畿に近い備前岡山城にいると、色々と厄介でした。

小早川家の改易以後、十万石を超える本家筋が無嗣改易で消滅した例は、外様では二十四万石の出雲松江《いずもまつえ》藩・堀尾《ほりお》家（秀吉を草創期から支えた堀尾吉晴《よしはる》の家）、十八万石の美作津《つ》山《やま》藩・森家（森蘭丸《らんまる》の末弟・忠政《ただまさ》の家）などがあります。

関ケ原合戦の後、家康は黒田長政《ながまさ》の手を握って礼を言い、筑前《ちくぜん》一国を与えて黒田家の将来を保障したという事情があり、福岡藩は簡単には石高《こくだか》を減らされませんでした。一方で、未来を保障されていない福島正則《まさのり》は、関ケ原の功で安芸《あき》広島に五十万石近くを得ていたものの、それを容赦なく奪われ、信州川中島《かわなかじま》など四万五千石にまで減らされています。

親藩では、五十二万石の尾張清洲《おわりきよす》藩・松平《まつだいら》家（藩主は家康の四男・忠吉《ただよし》）、譜代では、十万石の備後福山《びんごふくやま》藩・水野家（家康の母・於大《おだい》の実家）も対象になりました。

無嗣改易は外様大名だけを狙いうちにしたものではありません。徳川将軍家と親しかろうが縁遠かろうが適用された措置です。

しかし一七〇〇年代に入ると、無嗣改易が急減しました。それまでは当主が亡くなりそうになったら、急に養子を取って家を存続させることは許されていませんでしたが（末期《まつご》養子の禁）、十七世紀後期からその禁を緩め始めたからです。

この変更の背景には、慶安《けいあん》四年（一六五一）の「由井正雪《ゆいしょうせつ》の乱」があります。この乱は浪人が謀叛を企《くわだ》てた事件です。未然に防がれましたが、以後、幕府は下手《へた》に藩を潰して浪人を増やして治安が悪化するのを気にし始めました。

さらに、元禄《げんろく》十五年（一七〇二）に赤穂《あこう》浪士の討ち入り事件が起きたことも影響しています。幕府は江戸城内で刃傷沙汰《にんじょうざた》を起こした播州《ばんしゅう》赤穂藩主・浅野長矩《あさのながのり》に切腹させ、その弟の家督相続を認めずに藩を潰した結果、大石内蔵助《おおいしくらのすけ》が吉良上野介《きらこうずけのすけ》を討ち取ってしまいました。

末期養子の禁を緩めたことで、病弱な殿様のすり替えも、行なわれるようになりました（大森映子『お家相続　大名家の苦闘』角川選書）。極端な例だと、旗本の当主が死に、遺体から腐臭《ふしゅう》がしているのに、幕府の目付《めつけ》がわざと見逃すケースさえ生じました。

強い「跡目権《あとめけん》」を認めるようになったことで、外様大名も譜代大名も、よほど目に余ることをしない限りは改易されず、改易が行なわれるにしても、小さな分家の藩にとどめて、大名の本家は滅多《めった》なことでは断絶しなくなりました。

要するに、徳川幕府は大名家の「幹《みき》は切らないが、枝を折ることはある」という方針に変え、世の安泰《あんたい》を図ったわけです。

しかしそのために、有力な外様大名がすべて残ることにもなりました。ここが大事な所です。無嗣改易制を厳格に運用し続けていたら、のちに徳川幕府を倒すことになる雄藩《ゆうはん》のいくつかが、なくなっていたはずです。薩摩の島津も、徳川に敵対する以前に、跡継ぎなしの改易できれいさっぱり消滅していたはずでした。

薩摩藩を例に見ると、寛延《かんえん》二年（一七四九）に六代目藩主・島津宗信《むねのぶ》が、子がないまま二十二歳で没しています。このとき、分家の養子に出されていた弟の重年《しげとし》が呼び戻されて跡を継いでいますが、改易しないまでも、石高を半分以下にして力を削《そ》いでいたら、薩摩藩は幕府を倒す主勢力になり得なかったでしょう。

軍事力を発動してでも、島津家に大幅減封《げんぽう》という厳しい対応をしていれば、家が残ったとしても雄藩ではなくなっていたはずです。しかし、島津宗信が没した十八世紀半ばは、もう平和な時代です。幕府は戦国以来の大名、織田豊臣時代からの大名を、どんどん取り潰したり、石高を減らしたりするような手荒な処分はしなくなっていました。結果的に、これが幕末になって、徳川政権の命取りになりました。

無嗣改易制が緩められたのは、なぜでしょうか。もちろん、改易すると浪人が増えて、社会不安が生じるからというのも理由の一つです。しかし、それだけではないでしょう。大名家が取り潰されにくい制度へ移行したのは、四代・家綱《いえつな》から、五代・綱吉《つなよし》から八代・吉宗までの間（一六八〇～一七四五年）にその傾向がさらに強まります。この四人の将軍のうち、七代の家継《いえつぐ》以外は皆、徳川一族の「大名出身」の将軍です。綱吉は上州《じょうしゅう》館《たて》林《ばやし》藩主、六代・家宣《いえのぶ》は甲府《こうふ》藩主、吉宗は紀州《きしゅう》藩主から、それぞれ将軍位に就《つ》きました。

元は大名だった人が将軍になって、大名が困らないような制度改変を進めてしまったのです。自分たちも、将軍家を継いだ理由が「養子になったから」なので、大名に「養子に継がせるのは許さん」とは、言いにくかったのでしょう。結果、このような養子の緩和がなされ、徳川のライバルになるような島津などの強い大名家が幕末まで生存してしまったと考えられます。

人質制度の廃止——〝幕府への恐れ〟がなくなった

元和元年（一六一五）に発せられた武家諸法度によって、「江戸参勤作法《さんきんさほう》のこと」、つまり「参勤交代」のさきがけになる決まりが定められました。

参勤交代は、幕府に弓を引かせないための政策として、家康が打ち出し、寛永十二年（一六三五）、三代・家光のときに制度化され強められました。

御三家《ごさんけ》のうち、水戸《みと》藩とその分家、紀州藩の分家などは最初から参勤交代を免除されていました。これらは江戸定府《じょうふ》といって、原則江戸にずっと住んでいたので、領地と江戸屋敷の間を大名行列で移動する膨大な費用がかかりません。他にも、役目を考慮されて、参勤が緩められていた藩はあります。しかし、ほとんどの大名は江戸と領国に一年ずつ住むことが義務づけられていましたから、参勤交代の費用が、藩の財政にとって重い負担となっていました。

この制度が緩められたのは、十四代・家茂の時代です。

幕末に異国の船が日本近海に現われるようになったことから、「参勤交代で費用がかさみ、外国から日本を守るための海防費が出せない」と大名たちから意見具申《ぐしん》されたのを受け、文久《ぶんきゆう》二年（一八六二）の改革で幕府は、大名が江戸に赴《おもむ》かず、国元に留《とど》まることを許しました。榎本浩章《えのもとひろあき》「文久の参勤交代緩和と幕政改革について」（『法学新報』121）では、福井藩主の松平慶永《よしなが》（春嶽《しゆんがく》）が参勤交代を緩めるよう幕府に提言するさまを検証しています。

また徳川政権には、これとは別に、もう一つ大名に反乱を起こさせない工夫がありました。人質制度の「大名証人制度」です。これは、参勤交代制度よりずっと以前に骨抜きにされています。

「大名証人制度」とは、藩主の正室と嫡子《ちやくし》、加えて大大名の場合は、家老などの子も江戸城内の証人屋敷に置く制度のことです。

大名が謀叛を起こす場合は、藩主と家老たちの合議によって決まるので、家老からも人質を取っておく必要があり、戦国時代には当然の慣行でした。

ところが四代・家綱の時代、大大名の家老から人質を取るのをやめてしまったのです。家光の庶弟《しょてい》で、家綱の後見人のような立場にあった保科正之《ほしなまさゆき》が、「藩主の家族だけが江戸にいればいい」として、一部ながら大名証人制度を緩めました。家康五十年忌の寛文《かんぶん》五年（一六六五）のことです（江戸東京博物館『参勤交代　巨大都市江戸のなりたち』）。そして先に述べた家茂時代の文久の改革で、今度は大名の妻子にまで帰国が認められるようになり、幕府は大名から実質的に人質を取らなくなったのです。すると、長州藩が歯むかい京都で戦争になりました。幕府はあわてて制度を元に戻しましたが、もう後の祭りでした（松平太郎『江戸時代制度の研究』上巻、武家制度研究会）。これでいよいよ、大名は幕府を恐れなくなりました。というより、大名たちは将軍の家来ではなく、自分は天皇の家来であり、領土の国主だと思うようになっていったのです。

幕末期、各地で大名が自分の領地で「割拠《かっきょ》」する動きが生じました。大名が江戸に行かず、幕府に背《そむ》いても妻子が殺されないとなれば、独立し始めるのは当然の成り行きでしょう。

この文久の改革を主導したのは、薩摩藩主・忠義《ただよし》の父である島津久光《ひさみつ》、朝廷から派遣された勅使《ちょくし》の大原重徳《おおはらしげとみ》、安政《あんせい》の大獄《たいごく》で井伊直弼《いいなおすけ》に隠居《いんきょ》させられた福井藩主・松平慶永の三人です。彼らは本来、幕府の政策決定に関わらないはずの、徳川一門や外様大名、公家でした。そんな彼らが「神君の政策」を壊したわけです。

表向きは海防費の捻出《ねんしゅつ》という大義名分を掲げてはいますが、裏を返せば、自分たちに有利になるよう政策を変えていったともいえるでしょう。

城と大船《おおぶね》の建造解禁――軍事バランスが崩壊

軍事面で家康が用意した平和の仕掛けは、どのようなものだったのでしょうか。家康は豊臣家を滅ぼすと、慶長二十年（一六一五）閏《うるう》六月に、元和（一六一五年七月に改元）一《いっ》国一城令《こくいちじょうれい》を発しました。「一つの国に一つの城」を原則とするものです。

城に立て籠《こ》もれば、諸大名は頑強に抵抗できます。家康は、大坂城に籠城した豊臣家を滅ぼすのに手こずりました。そこで家康は、大名が持つ城数を制限して防御力を弱める政策をとったのですが、一国一城令は、実は大名の側にもメリットがありました。徳川時代初期、大名にとって重臣や親戚は皆ライバルでした。家臣であっても反乱を起こすかもしれません。大名にしてみれば、一国一城にして家来をみんな自分の城下に住まわせ、立て籠もる城を持たせなければ、統治しやすいのです。つまり、「藩主権の確立」という点で、有効でした。

一国一城といっても、一つの国に複数の大名がいる場合は、城は大名の数だけあってもよいとされます。たとえば、伊予《いよ》国には松山城、大洲《おおず》城、宇和島《うわじま》城、今治《いまばり》城と四つありますが、持ち主が違うので問題ありません。

意外なのは、毛利家です。領地は周防《すおう》国と長門《ながと》国なので、それぞれに城を持つことができるにもかかわらず、毛利家は萩《はぎ》城だけを残し、一時は周防国の岩国《いわくに》城まで壊しました。おそらく、幕府に疑われたくないとの意識があったのでしょう（山本博文『江戸お留守居役の日記』講談社学術文庫）。

備前岡山の池田家、筑前福岡の黒田家など、元和一国一城令を忠実に守った大名が大多数です。備前国には岡山城の他に、瀬戸内海に突き出た児島《こじま》半島の先に海を睨《にら》むための下《しも》津井《つい》城がありましたが、廃城になりました。

その一方で、南九州と東北では一国一城令はあまり徹底されていません。代表的なのが、薩摩の島津家です。島津家は鹿児島城以外を壊したことにして、「麓《ふもと》」と呼ばれる支城を百二十カ所近く残しています。徳川幕府は、これに強く文句を言っていません。小宮木代良《きよら》「幕藩体制と巡見使《じゅんけんし》㈡―九州地域を中心にして―」（『九州史学』78）によれば、幕府の巡見使（監査官）が寛永十年（一六三三）に一度、「一国一城令」違反ではないか、とただしています。ところが、寛文七年（一六六七）になると、幕府はもうそんな質問さえしなくなっています。

奥州《おうしゅう》の伊達《だて》家も島津家と同様です。伊達家は仙台城の他に、重臣の片倉《かたくら》家の白石《しろいし》城があり、さらには「要害《ようがい》」と称する支城を置いています。「要害」にいる家臣たちには、仙台城まで「参勤交代」をさせてもいます。「一国一城令」は南九州や東北ではザル法で、徳川政権は、どこまで本気で徹底しようとしたのか疑問に思えます。

島津家には、幕府が指示を徹底できなかったと思われますが、東北における一国一城令は、幕府のほうが最初から甘い態度であったとみていいでしょう。出羽《でわ》秋田の佐竹《さたけ》家に対し、「あなたのところは国が広い。久保田《くぼた》城以外に、大館《おおだて》城と横手《よこて》城を残したらいい」と幕府側が勧めたことが、それを物語っています。秋田藩には城が三つもあって一国一城令は形ばかりでした（渡部景一《けいいち》『「梅津政景《うめづまさかげ》日記」読本――秋田藩家老の日記を読む』無明舎《むみょうしゃ》出版）。

また、東北では安土桃山《あづちももやま》時代から徳川時代初期に、豪族の一揆《いっき》がたびたび起こっており、城の数を減らしてしまうと、地元豪族の一揆を抑え込むのに不都合が生じかねません。

そのような事情もあって、幕府は複数の城を持つことを東北の大名に許したのでしょう。

このように、不徹底な一国一城令でしたが、幕末に「西洋の接近」が生じたことで一気に崩れました。

海防の一環として、水戸藩が新たに助川《すけがわ》城の築城を許されたのは、代表的な例です。

この他に、五島《ごとう》列島の福江《ふくえ》藩も石田《いしだ》城を築くことが許可され、さらに新たに海外との窓口の一つになった箱館《はこだて》には、箱館奉行所《ぶぎょうしょ》だけでは守れないからと、幕府によって五稜郭《ごりょうかく》が造られています。

幕末期に、大名はさんざん軍拡《ぐんかく》をやりました。海防の名目で、城などを増やす大名が出てきたのです。砲台や台場があちこちに造られ、幕府に憚《はばか》ることなく軍拡を進めていきました。これによって、幕府と大名との軍事バランスが徐々に崩れていったのです。

家康が平和のために制限したのは、城だけではありません。船にも制限をかけました。「大船《おおぶね》建造の禁」です。家康は、大名が海軍力を持つことを警戒し、慶長十四年（一六〇九）に五百石以上の船を西国大名から没収し、大船の所有と建造を禁止しました。

この、いわば「海軍禁止令」は、江戸時代後期まで続きましたが、これも西洋の脅威によってピリオドが打たれました。嘉永《かえい》六年（一八五三）のペリー来航後に、老中《ろうじゅう》・阿部正《あべまさ》弘《ひろ》によって行なわれた安政の改革の一環として、廃止されます。大名たちは、大船・軍艦を建造保有してもよいことになったのです。

それどころか、安政二年（一八五五）に阿部正弘らの幕閣はオランダ商館長の意見もふまえ、長崎に海軍伝習所を造り、幕臣だけでなく、薩摩藩や長州藩の藩士など、のちに倒幕をする藩の藩士にまで、海軍の技術を教え始めました。幕府の費用で造られた船を使い、幕府の費用で連れてきたオランダ人士官・カッテンディーケらを教師に据《す》えて、親切にも、敵になりうる人間にまで海軍の勉強をさせたわけです。元治元年（一八六四）には勝海舟の建言で神戸海軍操練所が設置され、勝の私塾「海軍塾」では坂本龍馬が塾頭になっています。幕府海軍の成立と消滅については、金澤裕之『幕府海軍の興亡　幕末期における日本の海軍建設』（慶應義塾大学出版会）が近年の研究です。

阿部や勝の考えは、日本全体にとって正しい判断だったかもしれません。しかし、その中から幕府を倒す人材も大勢出たことを考えると、海軍解禁の動きが、幕府の終焉《しゅうえん》を早めたのは確実です。海軍の再登場は、家康の誤算でした。「海軍を大名に持たせない」政策は徳川政権を長持ちさせる政略としては正しかったのですが、西洋列強から日本を守るために、それを阿部や勝たちが変えてしまったのです。

新たな通貨の鋳造《ちゅうぞう》——討幕《とうばく》の資金源に

家康の経済政策は、どうでしょうか。幕府を長く保つ工夫がいかになされたのか、貨幣制度も見ておきましょう。江戸時代初期、地理的に中国と近い西日本では、当時の東アジアの国際決済通貨である銀を使っていました。一方、「信玄の隠し金山」で有名な甲州《こうしゅう》金山や、伊豆《いず》の金山、佐渡《さど》の金山などがあった東日本は、金でした。秀吉と同様、家康も金銀山をおさえて収入を補っています。

家康は、その土地の慣習をあまり大きく変えようとせず、金の小判《こばん》を発行する一方で銀の使用も認め、さらに当時流通していた中国の銅銭《どうせん》「永楽通宝《えいらくつうほう》」等も使い続けるという、戦国時代さながらの政策をとりました。

しかし、三代・家光のときに政策を変更し、日本独自のコイン（銅銭）を発行することにしました。寛永《かんえい》十三年（一六三六）に「寛永通宝」という銅銭の鋳造《ちゅうぞう》を始め、永楽通宝の流通を停止。中国の銭《ぜに》から、日本は脱却することにしたのです。

ところが徳川政権が独自のコインを発行する際、現代では考えられないことがなされました。大変まずい方式をとってしまったのです。なんと、徳川幕府から許可を得れば、大名領でも寛永通宝を鋳造できるようにしたのです。いわば「銭のライセンス生産」です。これはいけません。幕府が通貨発行権を独占できなくなる話です。

たとえば、水戸藩は、早くから幕府の許可を得て寛永通宝を造っていました。その後十年の間に、仙台藩、松本藩、さらに長州藩まで鋳造を始めています。外様大名を含めて全国で鋳銭《ちゅうせん》させたほうが楽だと幕府は考えたのでしょう。

しかし、重大な問題が起こります。大名たちが勝手に銭を造って儲《もう》け始めたのです。勝手に「贋金《にせがね》」を造り始めたといってもいいでしょう。

寛永通宝は、現代でいうと一枚五十円程度の価値で、流通には大量に発行する必要がありました。こんな少額コインは造ったところで、たいして儲かりません。

問題は、次の「天保《てんぽう》通宝」でした。幕府は寛永通宝の二百年後の天保六年（一八三五）に、小判形の天保通宝を造ったのです。それはたった一枚で寛永通宝の百枚分、つまり現代の五千円の価値があるコインでした。

これも、幕府の通貨政策の命取りになりました。天保通宝の贋金を大量に発行しようとする大名が、必ず現われるからです。一枚の価値が五十円ぐらいの寛永通宝と比べ、一枚五千円の超高額コインですから、造れば格段に儲かります。当然ながら、天保通宝を密造《みつぞう》する藩が現われたのです。久留米《くるめ》藩、薩摩藩、土佐《とさ》藩、長州藩など、西国で雄藩になったところは、ほとんどが天保通宝を密造しています。

なかんずく儲けたのが、薩摩藩です。幕府の銭の偽物をこっそり造り、その利益は幕府を倒す軍事費にもあてられました。

家康がとった政策のように、中国の銭を使い続けるか、幕府が銭の発行を厳格に管理していればよかったのです。途中から下手なことをしたので、目端《めはし》が利《き》く薩摩藩や長州藩、土佐藩などに贋金を造られて、幕府を倒す資金源を提供する羽目になったのです。徳川政権はまったくお人よしです。

その意味で、天保通宝を発行してしまった幕府の官僚は、神君の制度を変え、まずい政策をとってしまったといっていいでしょう。

外交の不安定な動き――貿易の利潤《りじゅん》と最新鋭兵器

外交についても触れておく必要があります。前章でも述べましたが、「江戸時代＝鎖《さ》国」と認識している人が多いのですが、そう単純ではないのです。家康は、鎖国などしていません。

家康はオープンな人で、ヨーロッパ、アジアだけでなく、北米大陸のメキシコとも外交関係を持ちました。これだけ多くの国と外交関係を取り結んだリーダーは、前近代には他にいません。

その家康が死んだ直後、二代・秀忠は「異国」に「塩対応」を取りました。

特にカトリック教国への警戒が強まり、布教を伴《ともな》わず、商売を目的とするオランダを交易相手に選び、国家ではなく会社、つまりオランダ東インド会社を貿易の窓口としました。

またキリスト教を警戒するあまり、家光の時代までに洋書の輸入を厳しく規制し、「漢訳洋書輸入の禁」で、書物の禁輸《きんゆ》リストが作られました。

これは八代・吉宗の時代にいったん緩められ、数学、物理、オランダ医学、動植物、薬物などの西洋の知識が、蘭学医を中心にして入るようになりました。

十一代・家斉《いえなり》の時代には、江戸の蘭学者・大槻玄沢《おおつきげんたく》の塾「芝蘭堂《しらんどう》」で、「オランダ正月（実質はクリスマス）」が祝われるまでになっています。吉宗の西洋実用書の輸入政策は、うまいことをやったものだと思います。これで日本の医学は西洋に近づき、たくさんの人が恩恵を受けました。

たとえば、眼科です。土生玄碩《はぶげんせき》という眼科医がいました。土生はオランダ商館にやってきたシーボルトから、目の瞳孔《どうこう》を開く薬を見せられました。土生はその薬の原料となる植物を探し出して、瞳孔散大薬《さんだいやく》を製造し、そのおかげで日本の眼科の治療は飛躍的に進歩したのです。

吉宗の孫の老中・松平定信《さだのぶ》も好奇心の強い人でした。定信の頃になると、漂流して帝政ロシアの首都サンクトペテルブルクまで行った大黒屋光太夫《だいこくやこうだゆう》などを帰国後、故郷に帰さず、番町《ばんちょう》の薬園に住まわせて、在露中に得た西洋の知識を伝えさせてもいます。

ところが、十二代・家慶《いえよし》の時代（一八三七〜一八五三年）に、状況が変わりました。のちに「妖怪」と呼ばれる目付の鳥居耀蔵《とりいようぞう》が中心となって、蘭学者の大弾圧が行なわれました。天保十年（一八三九）の蛮社《ばんしゃ》の獄《ごく》です（鳥居はその二年後に町奉行に就任）。

この影響で、シーボルトに学んだ高野長英《たかのちょうえい》など、優れた蘭学者が亡くなり、吉宗以来の流れが止まってしまいました。

天保の改革が終わった後で、幕府は蕃書調所《ばんしょしらべしょ》など、西洋の学問を研究する機関を設けてはいますが、外交においては家康のオープンな対外政策から離れては戻り、また離れては戻るといった不安定な動きが続いたのです。

幕府にとって惜《お》しまれるのは、家康の死後、その外交顧問だった三浦按針《みうらあんじん》（ウィリアム・アダムス）の提言を無視し、イギリスと、伊豆半島などの江戸近辺で貿易をやらなかったことです。江戸近辺ならイギリスも貿易で儲かります。イギリス貿易を続けていれば、西洋の先端的な銃や砲の技術が、早期に江戸に伝わったはずです。幕府には貿易の利《り》潤《じゅん》を独占するだけでなく、最新鋭の兵器を、国内のどの藩よりも早く手に入れる可能性もありました。そうすれば、薩摩藩などに出し抜かれずにすんだはずです。

意思決定機関の劣化——誰もが政治に参画

徳川幕府が次第に弱体化していった要因の一つに、意思決定者の劣化が挙げられます。誰が物事を決めるかが、徳川政権にとっての弱点となりました。

家康の頃は、もちろん家康自身が決めました。初めは、酒井忠次《ただつぐ》や石川数正《かずまさ》といった重臣と相談して決定しています。のちには、本多正信《ほんだまさのぶ》・正純《まさずみ》親子が「外交内政顧問会議議長」（『ドン・ロドリゴ日本見聞録』）として家康や秀忠の相談にのっています。この初期の頃は、側近の取り立てが自由でした。

本多正信も元は鷹匠《たかじょう》（大久保忠教《ただたか》『三河《みかわ》物語』）で、身分が高くはありませんでした。能力・人物を見込んで家康が引き上げたのです。また、家康と秀忠は、「御年寄《おとしより》衆」という、のちの老中にあたる宿老たちを使って政治を行ないました。初期は、徳川将軍・大御《おおご》所《しょ》（前将軍）自身が政治を行なう度合いは高かったのです。将軍自身と、出世させた側近顧問や譜代重臣の中から能力を見て取り立てた者らで、政策を定めていました。三代・家光の頃までは、大御所と将軍の意見がかなり反映されています。

しかし、四代・家綱は幼く、徳川政権の物事の決め方も変えざるを得なくなり、前述した保科正之と老中たちが、政策を決めるようになりました。

五代・綱吉より後の時代は、八代・吉宗のように自ら先頭に立つ将軍もいたものの、基本的に将軍は政策の細かいところに関与せず、決めるのは老中たちでした。

ところが、徳川政権が代を重ねると、欠点があらわになってきました。諸藩でも同じですが、「世襲の弊害《へいがい》」が出てきたのです。何かの公職に就くには、「家格」が問われました。いくら優秀でも、二万五千石以上の大名の「格禄《かくろく》」でないと、老中にはなれないのです。能力よりも家柄と先例で要職が決まってしまうようになりました。家康・秀忠の頃のように、鷹匠の親子が政策決定のキーマンになるなどは昔の話になりました。酒井や水野・阿部といった譜代大名しか老中にはなれません。他の役人たちもそうです。能力ではなく、家柄で相応の役職に就きました。

これではいけないと、吉宗時代に、ちょっとした改革が行なわれました。「足高《たしだか》の制《せい》」です。「足高の制」とは、家禄《かろく》は低くても能力のある者が役職に就いているときだけ、その役職の基準石高に不足する分が補塡《ほてん》される制度です。能力主義に舵《かじ》を切ったわけですが、しかし徳川政権に健全な能力主義は根付きませんでした。たまに田沼意次《たぬまおきつぐ》のように、家柄ではなく、個人の能力で出世する者がいても、激しい嫉妬《しっと》にさらされます。息子の意知《おきとも》が刺殺されたり、意次自身も失脚したりで、悲惨な終わり方になりました。

それでも、世襲の弊害の改善は試みられました。大老《たいろう》や老中のような最高職は世襲で仕方ないとして、下の奉行や代官などは、学問・武芸のできる者を取り立てる動きです。吉宗の孫の松平定信が老中になると、旗本・御家人《ごけにん》を対象に、学校で「人才《じんざい》」を育成しよう、一部は役人の試験もやってみよう、と「学問吟味《ぎんみ》」という試験も始まりました（橋本昭彦《あきひこ》「江戸幕府学問吟味受験者の学習歴：天保改革期以降を中心として」『日本の教育史学』32）。優秀な者を選んで登用する改革が行なわれたのです。この徳川時代後期あたりから、日本の「受験競争」が始まるのです。とはいえ、政策を決める「幕政のプレイヤー」は、譜代大名の中の幕閣《ばっかく》になれる家柄に限られました。

面白いのが、徳川政権では家康の工夫で、将軍の親戚は政治に口出しができないのです。御三家であっても、政治はできません。後継者を決めずに将軍が亡くなったときに、「誰を次の将軍にするか」を話し合う場などで、ある程度の発言力があるだけです。大名に対する加増や改易といった決定への影響力は弱く、蚊帳《かや》の外でした。

もちろん、外様の大大名は政治決定の場から追い出してあります。豊臣政権がすぐ滅びた最大の原因は、徳川や前田といった一族でも譜代でもない他人である大大名を、いわゆる「五大老」にしてしまったからです。秀吉は自分の天下の後釜《あとがま》を狙っている家康を「家老」にして、死後の政治をゆだねました。どこまでお人よしなのかと思います。

家康は秀吉の失敗に学びました。大きな禄高《ろくだか》を持った徳川一門と外様大名を幕政に関与させず、大国を領有しない譜代大名と、一万石未満の旗本に幕政を担当させました。彼らに、巨大な軍事力や経済力を持った大名たちを統制させたのです。よそ者や他人を信じないのが、徳川政権のスタンスになりました。

この「力がある者に権限はなく、権限がある者に力はない」という、ジャンケンのように絶対的な強者がいない状態をつくり、政権を維持する巧妙な仕組みは、家康が設計したものなのです。

しかし、この家康の仕組みも幕末になると、破壊する人が出てきました。阿部正弘です。備後福山藩主で老中になった阿部は、安政の改革を始めました。ペリーの黒船来航により、全国の大名の協力を得なくては国防ができなくなりました。そこで阿部は皆の政治意見を聞くことにしたのです。

これを「言路洞開《げんろとうかい》」といいます。大名や旗本だけでなく、朝廷にも意見を聞きました。誰でも政治意見を述べていいというものです。しかし一度、徳川・松平一族や外様大名、朝廷に政治意見を聞いてしまうと、もう止められなくなり、以後、彼らは政治への参加を強く求めてきました。それがついには、薩長《さっちょう》や公家・志士たちによる討幕《とうばく》へと繋がっていったのです。こうなると、以後、抜擢《ばってき》人事も進みます。「人才登用」といって、勝海舟のような、家柄はなくても有能な者を、海軍などの新しい部署で抜擢したのです。

本章の冒頭で、三代・家光、八代・吉宗、十四代・家茂と、三人の将軍の時代に家康の政策が大きく変更されたと述べましたが、阿部正弘による「家康の政策の変更」の結果が、家茂の時代に出てきた面があります。

政治提言と人材（人才）抜擢の二つで、幕末の日本社会は変わっていきました。「言路洞開」と「人才登用」は、元々は熊本藩や水戸藩の藩政改革で実験された政策です（磯田道史「近世中後期藩政改革と『プロト近代行政』—熊本藩宝暦改革の伝播をめぐって—」『史学』80）。阿部正弘はそれを幕府の政策として取り入れたわけですが、これをうまく利用しようとしたのが、従来政策決定に加われなかった親藩や外様大名、そして下級武士たちでした。ペリー来航後に幕府が、どう対処すべきか意見を募ると、幕臣だけでなく、親藩や外様大名、その家臣から武士以外の者までが提言を寄せています。幕末、危機が深まれば深まるほど、皆が政治参加を望んだのです。

最終的には日本中が「公議輿論《こうぎよろん》」「公議政体《せいたい》」と叫び、天皇のもとで皆の意見を聞け、と言いだして、外様大名を入れた諸侯《しょこう》会議を京都で開く動きになりました。「徳川一門や外様大名は政治に関与させない」という神君・家康公のつくった仕組みは、こうしてなし崩しに葬《ほうむ》り去られたのです。

慶応《けいおう》三年（一八六七）、王政復古《おうせいふっこ》のクーデターで、外様大名どころか、その下の下級武士出身者が実質的に政策決定を仕切る総裁・議定《ぎじょう》・参与の「三職《さんしょく》」会議体制がつくられ、

■徳川幕府の主な政策

※**太字**は、家康時代の仕組みを変更した主な政策

初代	徳川家康	慶長8年(1603)〜 慶長10年(1605)	幕藩体制の創始。無嗣改易制
2	徳川秀忠	慶長10年(1605)〜 元和9年(1623)	武家諸法度(元和令)。元和一国一城令。大船建造の禁。**禁教令**
3	徳川家光	元和9年(1623)〜 慶安4年(1651)	武家諸法度(寛永令)→参勤交代の義務化。**寛永通宝の発行**。**漢訳洋書輸入の禁**
4	徳川家綱	慶安4年(1651)〜 延宝8年(1680)	**無嗣改易制の緩和、末期養子の解禁** **大名証人制度の緩和**
5	徳川綱吉	延宝8年(1680)〜 宝永6年(1709)	武家諸法度(天和令)→殉死の禁止
6	徳川家宣	宝永6年(1709)〜 正徳2年(1712)	
7	徳川家継	正徳3年(1713)〜 享保元年(1716)	
8	徳川吉宗	享保元年(1716)〜 延享2年(1745)	享保の改革。武家諸法度(享保令) 漢訳洋書輸入の禁の緩和。**足高の制**
9	徳川家重	延享2年(1745)〜 宝暦10年(1760)	
10	徳川家治	宝暦10年(1760)〜 天明6年(1786)	
11	徳川家斉	天明7年(1787)〜 天保8年(1837)	寛政の改革。**一国一城令の緩和**。**天保通宝の発行**。教育政策。異国船打払令
12	徳川家慶	天保8年(1837)〜 嘉永6年(1853)	天保の改革。蘭学者の弾圧
13	徳川家定	嘉永6年(1853)〜 安政5年(1858)	安政の改革→**大船建造の禁の廃止** 蕃書調所の設置
14	徳川家茂	安政5年(1858)〜 慶応2年(1866)	文久の改革→**参勤交代の緩和** **言路洞開→人材登用の開始**
15	徳川慶喜	慶応2年(1866)〜 4年(1868)	慶応の改革→人事制度の改革 大政奉還

これが朝廷を動かし、明治維新へと突き進みました。総裁には有栖川宮《ありすがわのみや》熾仁《たるひと》親王がなり、議定は岩倉具視《いわくらともみ》など公家や大名、たとえば福井藩主の松平慶永など十四人がなりました。参与は西郷隆盛《たかもり》、大久保利通《としみち》ら諸藩の約三十人の武士がなったわけです。四十五人ほどで日本を動かし始めたのが「新政府」です。

　つまり、明治の新政府ができると、天皇を旗印《はたじるし》に、岩倉具視と三条実美《さんじょうさねとみ》という二人の公家のもとで、もはや大名でもない人々が政治をやり始め、「薩長土肥《どひ》」の外様大名の下にいた下級武士たちが、「参与」とか「参議《さんぎ》」と名乗って会議を重ね、政策決定が行なわれるようになります。これらの人々が、日本の政治制度を西洋に近づけるために、憲法と内閣制を創っていきました。徳川幕府を倒して内閣制を創ったこの権力体こそが、今日《こんにち》の我々の政府に繋がっている感は否《いな》めません。旧長州藩、今の山口県から出た総理大臣の数が第二次世界大戦後になっても多いのは、そのせいでしょう。

第三章

幕末、「神君の仕組み」はかくして崩壊した

江戸時代、天皇はどう変容したか

さて、家康のつくった政権は、どのように壊れたのでしょうか。徳川幕府から天皇中心の新政府に政権が移るわけですから、京都の天皇と、江戸の徳川将軍の間柄から考えていくことにしましょう。

滋賀県に「永原御殿《ながはらごてん》」（野洲《やす》市永原）という徳川専用の旅館城があります。家康はここに泊まって、京都や大坂に赴《おもむ》いていました。京都に入れば、二条城に宿泊するわけです。家康から三代・家光《いえみつ》までは、上洛《じょうらく》して京都で征夷大将軍を拝命しています。将軍が京都に行く制度を「将軍上洛制」と呼びたいと思います。

徳川も三代までは、京都まで出かけていって、将軍に任命されていました。しかし、四代・家綱《いえつな》はそうではありません。まだ子どもだったため、将軍就任時もその後も、京都には行きませんでした。大勢の家臣を伴《ともな》う将軍の上洛は費用がかかることもあり、以後、将軍は一生の間江戸から動きません。いってみれば、将軍が江戸にずっといる「将軍定府《じょうふ》制」が続きます。

ところが幕末、天皇の権威が高まり、十四代・家茂《いえもち》が京都に行くことになり、家光までとは異なる形で「将軍上洛制」が復活しました。家茂は、京都二条城でなく、大坂城に長く滞在し、そこで長州《ちょうしゅう》戦争を指揮（実際は配下の者が指令）している最中に、世を去りました。

さらに十五代・慶喜《よしのぶ》は、在京中に将軍に就任しています。「将軍上洛制」どころか、徳川将軍が常に京都にいる状態になったのです。慶喜は将軍として一度も江戸に入ることとなく、京都で大政奉還《たいせいほうかん》を行ない将軍職を退きました。これを「将軍在京制」と呼んでみましょう。この京都に居続ける十五代将軍の下で、幕府は倒れたのです。

余談ですが、慶喜は在京中、二条城を政治拠点にしていたというよりも、二条城南西の「若州《じゃくしゅう》（若狭《わかさ》国小浜《おばま》藩）屋敷」で政治活動を続けたことがわかってきています（久住真也《くすみしんや》「徳川慶喜居所考《いどころこう》：慶応《けいおう》三年の『将軍邸会議』」『大東文化大学紀要　人文科学』60）。

つまり、家康以降、徳川将軍を空間的に考えると、将軍上洛制（一～三代）→将軍定府制（四～十三代）→将軍上洛制（十四代）→将軍在京制（十五代）と推移したのです。

家茂の時代に「将軍上洛制」が復活し、慶喜の時代に「将軍在京制」となったのは、幕末の文久《ぶんきゅう》三年（一八六三）から慶応四年（一八六八）の五年間、京都が日本政治の渦《うず》の中心だったからでした。

江戸時代の京都は、前期には四十万を超える人口を擁《よう》していましたが、幕末の頃は二十数万人に落ち、経済面では衰退期にありました。にもかかわらず、京都がクローズアップされたのはなぜでしょうか。その原因を考えるうえで、江戸時代における、京都の位置づけから見ていく必要があります。

江戸初期に幕府は、朝廷のある京都が政治の中心にならないような仕掛けを考えました。その根幹《こんかん》は、天皇と大名との繋《つな》がりを遮断《しゃだん》することです。

たとえば、参勤交代《さんきんこうたい》途上、西国の大名たちが勝手に京都に入ることは原則として認められません。かなり自由に京都に入れるのは、松平《まつだいら》一族でも格式が高い津山《つやま》藩松平家ぐらいなものです。

もちろん、大名がまったく京都に入れないわけではありません。大名にはしばしば公家《くげ》の親戚がいます。公家の親類の家に寄りたい、京都で先祖の墓参がしたい。こうした場合に限り、幕府は西国大名の入京を許しました。

しかし、公家の親戚まわりをする前に、まず京都所司代《しょしだい》の屋敷に行って「将軍と将軍嫡子《ちゃくし》の御機嫌伺い《ごきげんうかがい》」をし、さらには所司代の「御指図」を受けてからでなければ、公家に接近することはできません。京都滞在の時間も短いものです。宿泊は数日までです。大名が「痔《じ》になった」とか体調不良を訴えると、二泊までは延ばせますが、それ以上の長期滞在は原則許されない決まりでした。それほど幕府は、大名が天皇の周囲にいる公家と接触することを警戒していたのです。

また寛永《かんえい》二十年（一六四三）には、「禁裏付《きんりづき》」という幕府の武士が、御所の出入り口を監視するようになりました。許可証（御門鑑《ごもんかん》）を持つ者だけが通ることができ、幕府が望まぬ者は御所に入ることができないのです。

こうした幕府の圧迫に、時の後水尾《ごみずのお》上皇や霊元《れいげん》天皇などは強い不満を抱《いだ》いていましたが、時代が下ると、その空気も薄れてきます。

徳川と天皇の関係を論じた学説としては、「大政委任《たいせいいにん》論」（藤田覚《さとる》氏）や「公儀《こうぎ》の金冠《きんかん》論」（深谷克己《ふかやかつみ》氏）があります（藤田覚「近世朝幕関係の転換――大政委任論・王臣論の成立」『歴史評論』500、深谷克己『近世の国家・社会と天皇』校倉《あぜくら》書房）。のちには天皇自身も幕府に政治を委任していると考えるようになり、天皇は金の冠《かんむり》のように幕府を飾る存在であり、幕府と朝廷は一緒に「公儀国家」をつくっている――という具合です。以前は、朝廷と幕府を対立的に考える学説が多かったのですが、最近では、朝廷と幕府はともに「公儀」をなす表裏一体のものと考えるようになってきています。実際、江戸後期の天皇自身も「幕府は必要不可欠」と考えていたでしょう。公武で日本を統治しているという考えです。

それを象徴するのは、徳川家康の没後百五十年や二百年の節目の法事への、皇族や公家の写経などでの参加です。家康の法事にあたり、宮様や公家が皆で和歌を詠《よ》んだり、写経をして奉納《ほうのう》したりして、祈念行事に参加するのです。朝廷と徳川家との一体感が演出された、といえます。

大名のほうでも、朝廷や公家は意識の上で親しいものになっていきます。初めは公家と縁組をして、出自《しゅつじ》のわからない大名たちが貴族らしくなる貴種性の獲得がありました。そのうち、大名は皆公家の親戚になってしまって、そのこと自体にたいした価値はなくなりました。それでも、大名の母や妻は公家出身者が多くなったので、公家文化への憧れが増していきます。将軍や大名の正室が公家の出身であれば、当然ながら「奥」に公家の文化が広がり、大名の子弟が母方の影響を強く受けても不思議ではありません。元禄《げんろく》時代（一六八八〜一七〇四年）には、大名の間に公家の文化がかなり浸透したと見ていいでしょう。

意識や文化は、上から下、中央から地方へ向かって流れる性質を持っています。特に日本はその傾向が強く、今でも東京で流行したものが、全国にすみやかに波及するのを見ると、この国の傾向であるとわかります。

老中《ろうじゅう》・田沼意次《たぬまおきつぐ》が政権を運営していた十八世紀後半の頃には、平安貴族の雛《ひいな》遊びをルーツとする雛《ひな》人形が庶民の間にも広まりました。庶民にとっても、天皇や御所は憧れの対象になったのです。将軍、大名から一般庶民にいたるまで、「天皇は偉い、かっこいい、素敵」という認識を持ったわけですが、この時点ではまだ、「天皇が政治的な力を発揮する」と考えられていたわけではありません。

しかし、寛政《かんせい》年間（一七八九〜一八〇一年）には、天皇陵《てんのうりょう》を巡って、どの天皇陵も荒れていることを嘆いた蒲生君平《がもうくんぺい》や、京の三条大橋から天皇の御所に向かって土下座する高山《たかやま》彦九郎《ひこくろう》のような「奇人」が現われます。「ミカド（天皇）が御衰微《ごすいび》されている今」を嘆く志士たちです。この直後に、歴史家の頼山陽《らいさんよう》が『日本外史《にほんがいし》』や『通議《つうぎ》』を執筆し、「本来、日本の政権は天皇にあり、武家が持っているのは特異な姿」と、暗《あん》に示しました。『日本外史』などの歴史書を通じて、インテリ層に「天皇は尊い」という尊王《そんのう》思想が広がるなかで、政治の「地殻《ちかく》変動」が始まったのです。

阿部正弘《あべまさひろ》が開いたパンドラの箱

徐々に広まった尊王思想は、徳川政権を担《にな》う幕閣《ばっかく》にも入ってきます。

天保《てんぽう》十年（一八三九）、老中首座《しゅざ》となった水野忠邦《ただくに》は、商業の権利である「株」を制度化して物価まで幕府が統制しようとしました。しかし、天保の改革はあまりに強権的だったため、多方面から嫌われて失脚《しっきゃく》します。

トップダウンで幕府がなんでも強制してくるのは嫌だ、といった空気が蔓延《まんえん》したところで登場したのが、備後福山《びんごふくやま》藩主の阿部正弘《あべまさひろ》です。阿部が老中の職にあった嘉永《かえい》六年（一八五三）、「黒船来航」という一大事件が起こりました。

阿部正弘は家康の人質時代に随従《ずいじゅう》した阿部正勝《まさかつ》の子孫で、譜代《ふだい》の名門大名ですが、石高《こくだか》は十万石程度。大老《たいろう》・井伊直弼《いいなおすけ》（彦根《ひこね》藩三十五万石）より家格は下でした。

そもそも老中というのは、現代人がイメージするほど、高い地位ではありません。老中はたしかに職権は絶大です。しかし事務的な行政職であり、徳川の武士の世界では、軍事職より低く見られました。譜代大名の中でもトップクラスではなく、B級の禄高《ろくだか》の大名が任されて、細かい行政事務をするのです。井伊家や酒井家のように禄高が大きく、軍団を統率する軍事職が花形です。このような家がやむなく老中の仕事をするときは、「大老」と呼ばれるわけです。

そんな阿部が、黒船来航という重大な局面で「開国」の決断を迫られます。

しかし八代・吉宗《よしむね》の孫で老中となった松平定信《さだのぶ》のとき、「鎖国《さこく》は祖法《そほう》である」とされていました。つまり、「改定できない先祖代々の法」という位置にあった鎖国を、自分の一存では変えられない、というのです。

悩んだ阿部正弘が飛びついたのは、「人才《じんざい》登用」と「言路洞開《げんろとうかい》」でした。これらは、熊本藩などの改革に学んで、水戸《みと》藩主の徳川斉昭《なりあき》が行なった政治手法です。家臣の藤田東湖《ふじたとうこ》がまとめた『常陸帯《ひたちおび》』に出てきます。

「人才登用」は文字通り、有能な人物とその才能を活かすことです。

阿部正弘は川路聖謨《かわじとしあきら》を登用しますが、川路がのちに徳川慶喜の側近となる平岡円四郎《ひらおかえんしろう》を、そして平岡が渋沢栄一を登用するというように、幕府が人才登用へ舵《かじ》を切ったことによって、「人才登用芋《いも》づる現象」が起きました。それによって、綺羅星《きらほし》の如《ごと》く幕末の人材が歴史の表舞台に登場することになったのです。日本の発展にとっては、とても良いことでした。

問題なのは、誰でも政治意見を具申《ぐしん》していいという「言路洞開」です。これが「パンドラの箱」を開けてしまったのです。

前章で述べたように、従来の幕藩体制で政治に参画できるのは、幕府では老中、大名家では家老、そして奉行《ぶぎょう》などの役目に就《つ》いている武士だけでした。そうでない人が、政治についてあれこれ口を出すのは僭上《せんじょう》であり、違法行為に近かったのです。

勝手に集まって政治を論議、批判し、要求を通そうとするのは「徒党《ととう》を組む」「徒党を立てる」と呼ばれ、極悪違法行為でした。ですから日本では、「党」というものが、いまひとつなじまないのです。政治理念を同じくする人々が集団化するのを犯罪としてきた、長い歴史があるからです。

しかし、阿部が言路洞開を進め、政治提言を許したことによって、人々が横に繫がって政治議論をするのが流行《はや》りました。役目に就いていない武士やインテリが勝手に議論することを、「処士横議《しょしおうぎ》」といいます。役目に就いていない人を中国風にいえば「処士」、勝手に議論することが「横議」です。この横繫がりの議論の場ができてしまいました。

三人以上で政治を論じれば徒党を組むことであり、それは禁止されていたのですが、

「言路洞開」の推進によって、堂々とできるようになってしまったのです。

しかも黒船来航と開国に関して、阿部正弘は朝廷の意見も聞こうとしました。町医者に「言路」を開くのと、朝廷に「政治意見を幕府に言っていいよ」と、禁じられていた蛇口《じゃぐち》を開けてしまうのとでは、決定的に大きな違いがあります。

家康の時代は「禁中《きんちゅう》並《ならびに》公家諸法度《しょはっと》」を定めるなど、天皇に向かって随分、上から目線でした。「天子《てんし》諸芸能之事《のこと》、第一御学問也《ごがくもんなり》」と、天皇のするべき芸能は学問が第一だと、天皇のやることを臣下の徳川が法律で決めたのです。政治は徳川でやる。天皇は黙って学問や和歌をやっていればいい。暗に、そう言っていました。

ところが、幕末、この家康の「朝廷は政治に口出し禁止」という仕組みが変えられてしまったのです。阿部が朝廷に政治への口出しを一度許してしまうと、もう止まりません。「重要な政策は、朝廷のお許しがなければ行なえない」というメッセージを、世間に出したも同然です。

そのうえ幕府は、大名の軍事力を制限する政策を転換し、外国に対抗するため、薩摩《さつま》、宇和島《うわじま》、佐賀、長州などの外様《とざま》の大藩《たいはん》・中藩にも、軍事力強化を認める政策へと舵を切りました。

すると諸藩から、「大名行列にお金がかかり兵器が買えない」「江戸にいては領地に異人が攻めてきても指揮ができない」と、参勤交代に対する不満の声が上がりました。そればかりか、「我々も政治に参加したい」という声があらわになっていきます。

やがて幕府に自分の意見を通すためには、「天皇もそう言っている」と主張するのが最も効果的だと、長州藩、水戸藩、薩摩藩などが気づきました。それで諸藩が「京都手入れ」を始めました。弁舌《べんぜつ》さわやかな賢い家臣を京都へ派遣し、天皇の側近に入説《にゅうぜい》したのです。入説とは、ちょうどテレビなどで、出演者にやってほしいことを事前に振り付けるように、公家に振り付けをし、政治的にコントロールする作業です。今はブリーフィングと称して官僚が政治家にやっています。

天皇や朝廷を利用する「うまみ」を知った藩は、次々と手を打ち始めます。

水戸藩は、安政《あんせい》五年（一八五八）の「戊午《ぼご》の密勅《みっちょく》」のように、孝明《こうめい》天皇からこっそり勅《ちょく》命《めい》を引き出しました。

長州藩は、公家の三条《さんじょう》家や鷹司《たかつかさ》家などを使って、朝廷工作を始めます。

薩摩藩は、代々姫を嫁《とつ》がせていた近衛《このえ》家を、「京都政治工作センター化」しました。近衛家に薩摩藩士を入れ、近衛家の重臣にし、そのため京都の近衛家を訪れると薩摩武士が出てきて、「近衛家の家来でごわす」などと薩摩弁で応答する状態でした。

幕府は、不利になってきたこの状況に我慢なりません。大老となった彦根藩主・井伊直弼は安政五年、「安政の大獄《たいごく》」を断行します。老中の間部詮勝《まなべあきかつ》を入京させて、京都で政治工作をしていた水戸藩士やその関係者を大弾圧させたのです。水戸藩主・徳川斉昭など、井伊によって、おもだった大名が次々と隠居謹慎処分にされました。

しかし、やられたほうも黙ってはいません。水戸や薩摩の脱藩浪士が、井伊直弼を江戸城の桜田門外《さくらだもんがい》で暗殺しました。暴力に対し、暴力で返す。しかも、大老が浪士に殺されてしまったら、もう時代のうねりは止められません。一度開いた「パンドラの箱」に蓋《ふた》をすることは、不可能でした。

京都に集まった浪士たちの失敗

桜田門外の変を機に、浪士たちが「自分たちでも時代を動かせる」と気づきます。そんな彼らが信奉《しんぽう》したのは、前述の高山彦九郎という江戸中期の思想家でした。

自分で思いさえすれば、天皇の「草莽之臣《そうもうのしん》（草むらにかくれた家来）」になれるという、彼の論理はすごいものです。

たとえば、私が岡山の村医者だとします。それが「自分は天皇の家来なんだ」と心の中で思った瞬間に「草莽之臣」となり、政治への参加が可能になると本気で考えたのです。

高山の影響を受けた長州の吉田松陰《しょういん》は、「草莽崛起論《くつきろん》」を唱え、在野《ざいや》の士に立ち上がるよう呼びかけました。そうした人々が日本中に現われ、京都を目指して集まってくるようになります。

京都に来た「草莽之臣」を支えたのは、武士の世で虐《しいた》げられていた名門意識のある地方のインテリや豪農《ごうのう》・豪商《ごうしょう》です。

たとえば、岡山藩の分家・鴨方《かもがた》藩を脱藩した藤本鉄石《ふじもとてっせき》は、酒の町・摂津伊丹《せっついたみ》のお金持ちにも支援され、幕府を倒す活動に従事しています。豪農、豪商が「草莽之臣」に資金を提供してくれたのです。伊丹に鉄石の絵がのこされているのでわかります。

多いときは、千人近い浪士が京都に集まり、有象無象《うぞうむぞう》の浪士の中から、「天誅《てんちゅう》」というテロを行なうような「過激派」も現われます。彼らに同調する公家もいました。

彼らと雄藩《ゆうはん》の朝廷工作とが相まって、幕府を転覆させるための活動の嵐が始まり、文久年間（一八六一～一八六四年）に、天皇のいる京都の治安が悪化しました。浪士のテロを防止する治安部隊が必要とされ、組織されたのが、新選組です。

浪士らの反幕府勢力は、「孝明天皇に、将軍を連れて神社に参拝してもらい、攘夷《じょうい》を祈願していただこう」と計画します。天皇を御所から出して、その行列を公衆に見せ、存在感を高めてもらうわけです。長州藩がこの計画の背後にいました。

幕府は三代・家光の時代までに、天皇を御所の中に閉じ込める仕組みをしっかりつくったのです。しかし反幕府の攘夷派は、この徳川の仕組みを壊して、天皇を御所の外に出そうとしました。彼らの目論見《もくろみ》は当たりました。孝明天皇が賀茂社《かもしゃ》と石清水八幡宮《いわしみずはちまんぐう》に行幸《ぎょうこう》し、大勢の見物人がこれを見てしまったのです。徳川時代の天皇は、御所が火事になって逃げだすときしか外出しないのが原則でした。それが攘夷を祈願する政治目的のデモンストレーションの外出（行幸）をしたのです。効果は絶大でした。

しかも、この天皇の行列では天皇と将軍の関係が「見える化」されていました。賀茂社参りの際には、天皇の鳳輦《ほうれん》（神輿《みこし》のような乗り物）の後ろに、将軍・徳川家茂の姿がありました（『孝明天皇紀』）。そのうえ雨が降ってきて、将軍は朱色の傘をさしかけられているものの、衣を雨に濡《ぬ》らしながら騎馬で天皇にお供していました。天皇は神様のように鳳輦の中です。石清水八幡宮への行幸の様子は、木版刷りになってさかんに売られましたが、天皇の鳳輦の後ろに豆粒のように小さく「将軍」が描かれているものもあります。天皇と将軍、どちらが上か。それが目に見える形で、露骨に示されたといっても過言ではありません。実はこのとき、本当は将軍家茂は「所労《しょろう》（病気）」を理由にお供をしていないのです。しかし、こんな木版画が全国に出回りました。

勢いづいた反幕府の浪士たちは、次に大和《やまと》への行幸を企《くわだ》てます。孝明天皇を奉じて吉野山《よしのやま》に立て籠《こ》もり、かつての後醍醐《ごだいご》天皇のように天皇親政《しんせい》を宣言してもらい、幕府と戦うだけでなく、外国と戦う攘夷を決行しようとしたのです。とても正気とは思えない乱暴な計画でしたが、長州や土佐《とさ》の浪士たちに感化されて、公家の中にも行動をともにする者たちが出るほどでした。

それらの一派は孝明天皇の行幸前に、大和における幕府の拠点、五條代官所《ごじょうだいかんしょ》を襲撃する軍事行動に出ます。

孝明天皇は彼らの真意に気づき、危機感を募らせました。外国人は追い出してほしいものの、それは幕府や禁裏御守衛総督《きんりごしゅえいそうとく》（一橋《ひとつばし》慶喜、のちの十五代将軍）、京都守護職（会津《あいづ》藩主・松平容保《かたもり》）など、武家の務めだと思っていました。孝明天皇にしてみれば、浪人たちに拉致《らち》されて、吉野山で後醍醐天皇のまねごとをさせられるなど、まっぴら御免《ごめん》です。

そのため天皇は、大和行幸を取りやめさせ、幕府方による浪士と、それに繫がる公家の大弾圧が始まりました。これが文久三年（一八六三）に起きた「八月十八日の政変」です。

天皇を担ぎ出して攘夷や討幕《とうばく》を決行する一大計画は、失敗に終わったのです。政変後、二つのことがはっきりしました。

一つは、幕府を倒すのは、諸藩の脱藩浪士だけが集まってやるのでは無理だ、ということです。二つは、それならば、藩をまるごと引っ張ってきて使い、雄藩の力を後ろ盾《だて》にして、新しい世の中をつくる必要があることです。天皇中心の政治づくりでも、討幕でも、やるには脱藩したフリーランスだけではだめだと気づきました。今後は、そうではなくて、志士たちが薩摩藩・土佐藩・長州藩といった藩の強い塊《かたまり》、既存の団体の軍事力を利用しながら、日本の新政権・新体制づくりをやれば、成功するかもしれないと感じ始めたのです。

それは坂本龍馬《りょうま》の手紙を読むと、よくわかります。「土佐藩を引っ張ってやるぞ」という気概を、姉への書状に書いています。だからこそ、龍馬は諸藩の支援を受けて海援隊《かいえん》をつくりました。

同じように、幕府側でもフリーの浪人たちの力を思い知りました。浪人は浪人たちで制すればよいのです。「草莽之臣」を取り締まる実力組織として「新選組」の存在感が増しました。

日本中から集まってきた草莽之臣は、死に物狂いで何かをやろうとしていました。剣の腕が立つ者もいますが、出身は農民だったり、商人の子どもだったりします。世襲の身分の高い武士にすれば、こういう氏素姓《うじすじょう》の怪しい者と斬り合って死ぬのは御免です。武士の名折れです。こういう者と戦うのは、新選組に「アウトソーシング」することにしたのでしょう。事実、新選組はすばやく、効率的な戦闘集団でした。

衰えた組織が「アウトソーシングの請負組織」を利用するのは、よくあることです。

非現実的な長州、武力を見せつける薩摩

八月十八日の政変の結果、大打撃を受けたのが、長州藩でした。浪士たちの背後にいる黒幕として、京都から追放されたのです。それは孝明天皇の意思でもありましたが（『孝明天皇紀』）、長州藩の人たちはそうは考えません。天皇の周りを一橋や薩摩や会津のよう

な悪者が取り巻いて、朝廷工作をしたからだ、と思い込んでいました。それで「薩賊会奸《さつぞくかいかん》」を合言葉に、再度、軍事力を発動し、戦火を交えてでも京都を制圧しようと、物騒なことを考え始めたのです。

長州藩が軍事力の発動を意識したのは、極めて早い時期でした。水戸藩に残る記録によると、井伊直弼が暗殺された日に、江戸藩邸で桂小五郎《かつらこごろう》（のちの木戸孝允《きどたかよし》）たちが、「これからは諸藩がそれぞれに軍事力を持つ時代だ。農民を兵士にすれば、相当な兵力が持てる。兵糧《ひょうろう》を集めよう」と話し合い、兵糧の買い集めを始めています。

つまり、水戸と薩摩の浪士によって井伊が殺された時点で、幕府と距離を置き、独自路線をとって、戦争の発生も想定した可能性が高いのです。

その長州藩が挽回《ばんかい》を期し、戦いに出たのが、八月十八日の政変の翌年の元治《げんじ》元年（一八六四）七月です。京都を制圧しようと、兵を上洛させました。

この二年前の文久二年（一八六二）四月に、薩摩藩・島津久光《ひさみつ》が千人の兵を率いて京都へ上り、幕府に幕政改革を認めさせたことがあります。

長州藩にも、京都に軍事駐留して「しめた」と感じた成功体験がありました。薩摩藩の上洛の三カ月後、長州藩主・毛利敬親《もうりたかちか》も「人数千五百人」で上洛し、藩兵が藩邸に入りきらないので木屋町《きやまち》筋の町屋を借り受け、京都に駐留しました。長州藩の京都屋敷には七百人が詰め、車台のついた七～九貫目の大砲七挺《ちょう》を藩邸に引き込んで、人々にわざと見せつけました。しかも「十五、六万両程」の政治資金を持参している、と豪語していました(玉蟲左太夫《たまむしさだゆう》「長州始末」『官武通紀《かんぶつうき》』)。

　薩長《さっちょう》が、こんなふうに京都に軍事力を駐留させて天皇・公家を政治的に利用し始め、日本中に政治的影響力を強めると、徳川政権を守る側としては困ります。自分たちも京都に軍事力を入れなくてはならず、禁裏御守衛総督として一橋家(徳川慶喜)や京都守護職として会津藩、京都所司代として桑名《くわな》藩を京都に駐留させました。

　ところが、この「一《いち》・会《かい》・桑《そう》」の三家は、江戸にいる将軍・家茂をさしおいて、京都で独自の政治的動きを始めてしまいます。それは政権といっていいほどのもので「一・会・桑」政権と名付けた政治史研究もあります(家近良樹《いえちかよしき》『孝明天皇と「一会桑」幕末・維新の新視点』文春新書)。

　長州藩は「京都へ兵力を入れれば失地回復できるのでは」と考えました。しかし、それは非現実的な、計算違いだったのです。すでに、徳川政権は、一・会・桑の兵力で京都御所の天皇、当時の志士の隠語でいえば「玉《ぎょく》」を守っていました。薩摩やその他の藩も、がっちり京都を守衛しています。そこに、長州がたった一藩の兵力で突入しても負けるだけです。

しかし、熱気・狂気・勢いの長州藩は、そうは考えませんでした。長州藩の来島又兵衛《きじまたべえ》たちは、「議論より　実を行なえ　なまけ武士　国の大事を　よそにみる馬鹿」（南八郎《みなみはちろう》の辞世《じせい》）と書いた扇子《せんす》を手に、京都御所の蛤《はまぐり》御門《ごもん》へと迫ります。

彼らの第一プランは、政治交渉で長州藩を赦免《しゃめん》してもらうことでしたが、それが無理なら、第二プランとして、武力に訴えるつもりでした。まず御所に向かって進軍し、火災などが発生して、もし孝明天皇が脱出してきたら、その輿《こし》を奪う。あるいは、御所にいる京都守護職の松平容保の首を取る。禁裏御守衛総督の徳川慶喜も排除する。

ただし、このときの長州藩が取った行動は、非現実的なものでした。

普通、市街を攻めるときは道幅をふさぐようにして前進しますが、彼らは御所への道の片側をあけながらお行儀よく進軍したといいます。しかもその後ろには、戦《いくさ》見物の京の童《わらべ》たちがぞろぞろとついていきました（磯田道史、倉本一宏《くらもとかずひろ》、フレデリック・クレインス、呉座勇一《ござゆういち》『戦乱と民衆』講談社現代新書）。

これを迎え撃ったのが、〝戦国フリーズドライ〟状態の薩摩藩です。

薩摩は「内なる戦国の気風」が一気に解凍され、圧倒的な力で長州藩をたたきのめしたのです。薩摩藩の戦法は見事でした。最初に他藩（松平容保の会津藩など）と戦わせ、長州の隊形が乱れたところを、横合いから銃撃しました。しかも、馬上の指揮官へと銃撃を集中させます。指揮官を失った長州藩は、瞬《また》く間に崩れました。それを会津藩が追撃し、長州藩が隠れられないよう町家に放火。町民の懇願で御所西側の放火は止められたものの、南半分の京の町は火になめつくされました。

これによって民心《みんしん》は、京都守護を役目とする会津藩から離れていくことになりますが、薩摩藩の西郷隆盛《たかもり》は絶妙な立ち回りを演じます。

長州藩が残した兵糧をいち早く押収し、焼け出された人たちに配給することで、薩摩藩の存在感を見せつけたのです。加賀《かが》藩も似たようなことをしていますが、薩摩藩は敵の食糧を配っているので懐《ふところ》は痛くありません。これで、どこの藩が強く、抜け目がないかわかります。圧倒的に薩摩でした。

一方で、御所の防衛に成功した徳川（一橋）慶喜、会津藩、桑名藩の「一・会・桑」の力も強まりました。

この禁門《きんもん》の変（蛤御門の変）の後、孝明天皇は強い意志で、「長州を滅ぼせ」と命じています。さらに、長州藩に味方したと思われる公家を多数、自宅軟禁処分としました。

こうして第一次長州征伐《せいばつ》が決まったものの、実のところ、幕府や諸藩は、お金がかかるため戦をしたくはない。一日でも早く終わらせたかったのです。

このとき、長州藩とうまく講和を成立させたのが、またもや薩摩の西郷です。長州征伐の参謀役として出陣していた西郷の株は上がり、薩摩藩の存在感もさらに高まっていくこととなります。

慶喜の将軍就任と孝明天皇の死

禁門の変から第一次長州征伐を経て、江戸の幕府よりも、京都の「一・会・桑」が政治で実権を握り始めました。

誤解されがちですが、江戸の幕府はいきなり薩長に滅ぼされたのではなく、まず一・会・桑に実権を奪われているのです。家近良樹氏が提唱する「一会桑政権論」です。

これで権力が江戸から京都に完全に移り、幕府の力は低下していきます。のちに徳川慶喜が京都で将軍になることで、幕府はなんとか復活したといえるでしょう。

ともあれ、ここまで京都が政局の中心となると、どの藩も京を離れられなくなります。特に一・会・桑は、薩摩が軍事的に京都を押さえて、天皇を操ることを危惧《きぐ》しました。

薩摩藩は京都の北東、衣笠山《きぬがさやま》の麓《ふもと》に軍事演習場を持ちました。会津藩は東山の黒谷《くろだに》や今の京都府庁あたりに駐留しました。諸藩が京に藩兵を置き、軍事演習をすることで、軍事力を誇示《こじ》する状態になってきます。軍事力が大きければ大きいほど、政治的発言力も高まるからです。

こうなると、大名と京都を切り離そうとした家康や家光の仕掛けは、無茶苦茶に壊れました。家康の誤算です。幕末に家康の幽霊が出てくれれば、子孫をふがいなく思って、こう叱ったのではないでしょうか。「なぜ文久二年あたりに、兵を率いた薩長を入京させてしまったんじゃ！」「戦いになってでも咎《とが》めるべきじゃった」。

大名が京都に滞在するため、「痔になりました」と、しおらしく嘘《うそ》をつき、京都所司代もそれを認めて、一日か二日だけ大名の京都宿泊を延ばしてあげるような牧歌的な時代は、終わってしまいました。徳川政権終了へのカウントダウンが始まったのです。

そんな中、各藩は京都政局に対応する部署をつくっていました。会津藩は公用方《こうようかた》、岡山藩は国事周旋《こくじしゅうせん》方と呼びますが、要するに外交部です。

その部員が京都で有力な公家のもとへ日参《にっさん》し、藩の資金力と軍事力を背景に、ブリーフィングします。同時に、どこの藩の人間が誰と会ったかを徹底して探索させてもいます。

こうした京都での政治工作を、大名家では「京都手入れ」と呼びます。家康たちは、大名に「京都手入れ」させないように、制度設計をしたのですが、もはや「後の祭り」です。こうした動きが京都で常態化しました。

ペリー来航の頃は、水戸藩など特殊な藩だけが「京都手入れ」をやっていたのですが（井上勲『王政復古《おうせいふっこ》――慶応3年12月9日の政変』中公新書）、一八六〇年代になると、薩長だけでなく、岡山藩も広島藩も、どこの藩も京都での政治外交を活発化させました。

そのような中、長州では高杉晋作《たかすぎしんさく》がクーデターで実権を握り、再び幕府に反抗したため、第二次長州征伐が始まりました。ところが、その途上の慶応二年（一八六六）七月、十四代将軍・家茂が大坂城で世を去ります。

その後継は、まず慶喜しか考えられませんでした。

すると慶喜は、徳川宗家《そうけ》は相続したものの、将軍職は断わります。まずは固辞《こじ》しておいて、周りから望まれる形で就任したほうが、政治力が高まるからです。つまりこの時期、日本に将軍はいません。徳川幕府は家康から連続して存在したわけではなく、一回、途切れた空白期間があって、そのあと慶喜が最後の将軍になって滅びたのです。この幕府がなかった数カ月の時期を、研究者は「将軍空白期」と呼んでいます。

案の定《じょう》、朝廷の守護者たる将軍の消滅を恐れた孝明天皇が、慶喜の将軍就任を強く希望しました。

これより少し前に孝明天皇が詠んだ和歌がありますが、要約すると、「武家の持つ梓弓《あずさゆみ》の力で、けがらわしい外国を追い払ってほしい」というもので、武士に恋するような心情がうかがえます。将軍がいなくなることに、不安を覚えたのでしょう。

家茂の死から四カ月後、慶喜はようやく十五代将軍に就任し、喪《も》に服して、幕府軍が苦戦していた長州征伐を中止しました。

この一連のやりとりから、孝明天皇がいる限り将軍は存在し続けると、多くの人が気づいたはずです。慶喜が辞退し、将軍職は一時空席でした。ここで孝明天皇が将軍任命をやめれば、天皇親政のもとでの公議政体＝諸大名・公家などによる「将軍なき合議政治」への流れが生まれたかもしれません。

しかし、それを望んでいた人々の夢は打ち砕かれました。なにしろ、孝明天皇は厳しい人で、公家たちを何十人も「他人面会禁止」の自宅軟禁処分にしていました。内心、天皇の死を望む公家が少なからずいたとしても不思議ではありません。「天皇が亡くならない限り、自分の屋敷から一歩も外へ出られない」と不平を募らせていた公家は実際、何人もいたのです。

孝明天皇の周囲に不穏《ふおん》な空気が漂い始め、慶喜の将軍就任から二十日後、孝明天皇が突《とつ》如《じょ》、崩御《ほうぎょ》します。ただの病死か、暗殺か。その真相はいまだ闇の中です。

後ろ盾の孝明天皇を失った慶喜は、急いで駐日フランス公使のロッシュと会談し、フランス型の近代国家を建設する強い意欲を示します。

ロッシュは慶喜に、家康時代に設計された「税金の取り方」を変えたほうがいいと提案しました。営業税・酒税や固定資産税（地税）を導入したらどうか、と言うのです。

武士は領主であり、田畑から年貢を取るのが基本です。運上金《うんじょうきん》や冥加金《みょうがきん》といって、商売したり産品を作ったりすると、金品を上納させる制度もありましたが、それは税収全体の比率からすると、小さなものでした。基本的に、耕地からのあがりで維持されていたのが、徳川時代の武士たちの暮らしでした。

ところが、田畑以外の産物の比率が、時代が下るにつれて増えてきます。たとえば、醸《じょう》造《ぞう》業や運輸業です。飲食などのサービス業も増えました。そうすると、家康時代からの税制のままでは、税収を得にくいのです。幕府や藩、武士が赤字になって苦しむ一因でした。そこを変えようというロッシュの指南は魅力的でした。

さらに慶喜は、フランスの支援を受けて、歩兵・砲兵・騎兵の近代西洋の軍隊をつくり、横須賀《よこすか》に製鉄所や、船の建造、修理などを行なうドックを建設するなど、フランス化による幕府の再生に着手します。それを象徴するのが、フランスから贈られた軍服を着た慶喜の写真でしょう。かねてより慶喜は、器量の大きさから「東照神君《とうしょうしんくん》家康の再来」などと呼ばれていましたが、西洋の軍服を着たその姿は、あたかも家康が、フランスの英雄ナポレオンの姿になって現われたかのようでした。

慶喜はフランスをモデルに「家康の軍制、家康の税制からの脱皮」を上手に成し遂げようとしました。践祚《せんそ》したばかりの天皇（のちの明治天皇）は若いうえに、禁門の変で長州を支持した公家・中山忠能《なかやまただやす》の孫です。謹慎処分を受けた公家たちが許され、長州復権の兆《きざ》しが見える中、慶喜は先手を打って、フランス型で軍隊の近代化を成し遂げ、強くなった幕府の力で京都を制圧しようと考えたのです。これは正しいやり方です。

これらの情報を逐一《ちくいち》つかんでいた薩摩藩の西郷隆盛や大久保利通《としみち》は、驚愕《きょうがく》しました。このまま慶喜を放置してはいけない。放っておけば、財力で勝る幕府がフランスの支援で近代化を成し遂げ、強大化してしまいます。そうなると、もう薩摩藩の出る幕はありません。

そこで彼らはあらゆる手をつくして、幕府が「フランス的な近代化」を成し遂げてしまう前に幕府を葬《ほうむ》って、更地《さらち》にすると決めました。「武力討幕」路線を薩摩は急いで打ち出してくるわけです。このあたりの事情は、拙著『素顔の西郷隆盛』（新潮新書）に書いていますので、詳しく知りたい方はそちらをご一読願います。

このときにはすでに薩長同盟が成っていますが、薩長の武力討幕も辞さない姿勢に慌て始めたのは土佐藩です。

桂小五郎が坂本龍馬に、「源義経は頼朝の後を追いかけ、遅れて参戦した」と言い、あとが悲惨《ひさん》だとほのめかして、この話を山内容堂《やまうちようどう》の耳に入れるようにと言ったようです。要は、薩長の討幕に乗らなければ、土佐藩は義経のようになると脅《おど》したのです。

慶応三年（一八六七）九月、龍馬は高知に船で急行して土佐藩の重臣に会い、桂の話を伝えました。このあたりから、土佐藩は、薩長の動きに乗り遅れないように、自分たちが主導権をとるべく行動し始めます。そうです。土佐藩は、大政奉還の工作を始めたのです。

そして、「討幕の密勅」が下りそうだと知った慶喜は、先手を打って慶応三年十月、大政奉還を宣言し、十日ほど後に将軍職を返上しました。こうして、家康以来の徳川幕府は幕を閉じたのです。

しかし、幕府の代わりに、どのような政体をつくるのか――。これが問題でした。

坂本龍馬などが草案を書いて、新しい政府のあり方が検討されますが、慶喜はある種の「象徴天皇制」を考えていました。官僚（行政）機構を旧幕府が担い、天皇を頂点とする大名会議、いわば諮問《しもん》会議をつくるという案です。西洋に詳しい西周《にしあまね》に、新しい政治体制を提案させました（西周『議題草案』、『別紙議題草案』）。

大政奉還がなされたあとは、十一月後半に、諸国の大名が京都へ集まってきて、新しい政府を発足させる予定でした。

坂本龍馬は慶喜や旧幕府の人たちも参加させるため、若年寄《わかどしより》の永井尚志《ながいなおゆき》に会って根回しをしていたところ、「土佐藩を薩長の側へ傾かせようとする不届きな奴がいるから、新しい政府の形ができる前に殺してしまえ」ということで、龍馬は京都見廻組《みまわりぐみ》（京都の治安を守るために幕臣によって結成された組織）に斬殺されてしまいました。このあたりの事情は拙著『龍馬史』（文春文庫）に書いておきました。見廻組は京都守護職（会津藩）の支配下です。その指示ではなかったか、と、のちに龍馬を斬った見廻組のメンバーは証言しています。龍馬の死の背景には、こうした状況がありました。

京都における政局の終幕

朝廷は「官僚機構」を持っていないので、いきなり大政奉還で政権を返されても、すぐには行政も何もできません。そのうちに、徳川方がだんだん有利になる。徳川宗家もこの天皇の新しい政権に参加して、行政運営を引き続き行なうようになる。そういう計算が徳川慶喜にはあったでしょう。実際、薩長など過激な藩を除いて、日本中の諸藩は、徳川宗家がまったく新政権に参加しないはずはない、と思っていました。

しかも、この時点では、会津藩など親徳川の諸藩が御所の守護を担当していました。慶喜は、まだ「玉」を握っていたのです。天皇の禁裏御所に入る人間を、「徳川」が入り口でチェックできる状況でした。フランス流の近代化を進めて、巨大な軍事力を畿内に集中すれば、大坂城も二条城もあります。徳川はまだ、天皇も二条城も大坂城も押さえており、軍勢もたくさんいます。軍事的には、薩長を制することができる状況でした。

慶喜は、「まだ、いける」と考えていたのでしょう。徳川家を実質的に政権に居続けさせるならば、この状態のうちになんとしても慶喜は、西郷や大久保を始末しておくべきでした。しかし、慶喜は、そうしませんでした。あるいは、できなかったのかもしれません。

焦ったのは、西郷隆盛と大久保利通です。このままでは慶喜に主導権を再び握られてしまいます。そこで、二人は薩摩から兵を呼び寄せました。十月の大政奉還勅許にもかかわらず、王政復古の大号令を出すクーデターを構想したのです。

慶応三年十二月九日、彼らはまず御所の門の守護を、幕府方から他の諸藩に交代させようとします。薩摩藩だけでは反発が予想されるため、徳川御三家の尾張《おわり》藩なども仲間に入れて決行したところ、無事に御所入り口の警備を代えることができました。これで慶喜は「天皇」を失いました。薩摩の手に、旗印としての幼い「天皇」が移ってしまったのです。

薩摩藩は御所の北にある相国寺《しょうこくじ》に置いた藩兵を使って、御所を押さえました。そして天皇睦仁《むつひと》、のちの明治天皇のもと、幕府と摂政《せっしょう》・関白《かんぱく》を廃止し、新政府の樹立に成功します。

ただし、慶喜率いる旧幕府軍は御所近くの二条城にいて、両者は睨《にら》みあう形となりました。旧幕府軍を挑発しようと、薩摩藩は江戸で放火したり、暴動を起こしたりと嫌がらせをし、怒った旧幕府方は、二条城に据《す》えた大砲を御所のほうへと向けます。しかし、ここで御所を砲撃してしまったら第二の禁門の変となり、旧幕府方は賊軍《ぞくぐん》にされてしまいます。それを避けるため慶喜は、二条城から大坂城へと移りました。

その途中、老中・稲葉正邦《いなばまさくに》の淀《よど》城に寄って休憩しようとしました。ここで信じられないことが起きます。なんと淀藩の家老は藩主が徳川の老中なのに、「城には入れられない。その脇の藩校ならいい」という返答をしたのです（「京地変動淀大軍実録」）。

慶喜は怒って、そのまま通過しましたが、寒中の移動がたたったのか、その後、インフルエンザに罹《かか》ってしまいます。これが、日本史を変えることとなりました。

慶喜が寝込んでいる間に、薩摩藩は、慶喜の官位（内大臣）辞退、および徳川宗家領の削封《さくほう》（辞官納地）を強硬に唱えます。全領地を奪われたら徳川家臣全員の知行地《ちぎょうち》がなくなりますから、旧幕府方が強い危機感を持っても不思議ではありません。さすがに、新政府内部でも異論が出て、「幕府の領地調査に留《とど》めてはどうか」という妥協案も出てきます。

大政奉還で形式上、幕府は消滅しましたが、徳川宗家が「国内最大の領国」を持つことに変わりはありません。御三家の尾張藩と親藩《しんぱん》の越前《えちぜん》藩が間に入って、「大坂城へ移った慶喜を京都に呼び寄せ、新政府に居場所をつくろう」と提案しました。

「徳川を無視して新政府は立ちゆかない」。薩長以外は、ほぼ皆がそう思っていました。

ところが、旧幕府側にも強硬派はいます。薩摩藩の嫌がらせに耐えかねた会津・桑名の藩兵や旧幕府の目付《めつけ》方が、大坂城内で慶喜をつるし上げ始めます。旧幕府の強硬派は、

「兵力では、まだこちらが勝っている。京都へ進軍すべきだ」と慶喜に迫ったのです。

高熱が下がったばかりの慶喜は、ここで言ってはならない言葉を発してしまいます。

「勝手にせよ」（『昔夢会筆記《せきむかいひっき》』）

これを受けて、旧幕府軍は京都へ向かって北上。対する薩摩藩は準備万端で、京の南で四斤山砲《よんきんさんぽう》を並べて待ち構え、旧幕府軍の砲を狙い撃ちにしました。

旧幕府軍は兵力で勝るうえに、フランス式の歩兵部隊もありました（野口武彦『幕府歩兵隊―幕末を駆けぬけた兵士集団』中公新書）。強いと見られていましたが、実際には歩兵の練度・士気は高くなく、いわばアルバイト兵に近かったのです。

また、フランス式歩兵は旧幕府軍の一部にすぎません。中には抜刀《ばっとう》突撃を行なう旧式の部隊もあり、全体が西洋式の軍隊というわけではありませんでした。

旧幕府軍は、錦《にしき》の御旗《みはた》を掲げた新政府軍から四斤山砲の炸裂弾《さくれつだん》を浴び、新式銃で撃ちす

くめられて、大坂城へ撤退します。この鳥羽伏見《とばふしみ》の戦いをもって、京都が政局の中心となった時代は終わりを告げ始めるのです。

錦の御旗の効果は対慶喜だけではない

鳥羽伏見の戦いの後、大坂城で一戦交えようと旧幕府側は考えていましたが、ここは西郷隆盛たちが一枚上手で、イギリスを使って慶喜を脅します（磯田道史『素顔の西郷隆盛』）。駐日イギリス公使のパークスに、「戦いが長引けば、諸外国はいつまでも局外中立を保てない」との秘密書簡を書いてもらい、慶喜に届ける策に出たのです。

旧幕府は開陽丸《かいようまる》以下の軍艦を大坂湾に浮かべていましたが、世界最強のイギリス海軍が大坂湾を封鎖すれば、大坂城の慶喜は退路を失ってしまいます。そうなれば、将棋でいうところの「詰み」です。

慶喜は慌てて大坂城を脱出しました。これが、慶喜らの大坂城抜け出し事件の真相です。

江戸に逃げ戻った慶喜は抵抗の意思を失い、ひたすら恭順《きょうじゅん》に徹して謹慎しました。

尊王思想の水戸学の下で育てられたということもありますが、単に水戸学の影響だけでなく、「諸大名がどういう態度を取るか」が、よくわかっていたからでもありました。

大名は官位を持っています。将軍の家来であるものの、天皇から官位を授けられた廷臣《ていしん》(朝廷の臣)という意識が当時、強くなっていたのです。したがって、「錦の御旗に逆らう朝敵《ちょうてき》」にされたら腰が引けるのは慶喜だけでなく、他の大名も似たようなものでした。

しかも、すでに述べたように、上は将軍から下は「雛人形」の影響を受けた庶民まで、平安時代からの雅《みやび》で美しい文化の中心に朝廷があり、天皇が一番偉いという価値観が各層に浸透していました。

それだけに、「錦の御旗(菊章)」が各藩へ配られると、存分にその効力を発揮します。

たとえば、徳川家に大恩があり、京都方面で事が起きたときは、徳川家を守るために奔《ほん》走《そう》することが藩祖以来の使命とされた伊勢《いせ》国津《つ》藩の藤堂《とうどう》家でも、錦の御旗が出て、新政府の使者が来ると、大砲の筒先を旧幕府軍に向けました。

私の祖先がいた岡山藩の池田家も、慶応四年(一八六八)正月七日に二つの錦の御旗を受け取ると、この旗を押し立てて近隣にいる朝敵の追討《ついとう》戦を始めています(荒木祐臣《すけおみ》『備前藩幕末維新史談』日本文教出版)。

岡山藩主・池田茂政《もちまさ》は慶喜の実弟でした。しかし、「こうなっては朝敵の弟が藩主では駄目だ」と、家臣たちが慶喜の弟を岡山藩主の座から引きずりおろし、分家の鴨方藩主を新藩主にして、すっかり「官軍の顔」をしたのです。

慶喜の他に、老中の板倉勝静《いたくらかつきよ》、会津藩主の松平容保、桑名藩主の松平定敬《さだあき》などが、名指しで朝敵とされたことも、外様大名家の「幕府離れ」を進行させました。

「旧幕府に味方すれば、自分たちも朝敵として名指しされる」という危機感が、諸大名の間に決定的な「分断」をつくり出したといえるでしょう。

徹底抗戦と恭順、それぞれの選択の理由

もちろん、「錦の御旗」にひれ伏さない人たちもいました。

大政奉還後の旧幕臣の態度を見るとき、次の「三つの物差し」で分析すると、よくわかります。すなわち、「新政府に恭順するか、しないか」「門閥《もんばつ》出身か、出世組か」「西洋知識があるか、ないか」です。

将軍だった徳川慶喜は、ある程度の西洋知識があり、恭順の姿勢を取りました。

その一方で、会津藩や幕府の目付方のように、恭順しない人たちもいました。門閥に属する彼らにとっては、「将軍がいない世界」や「薩長が朝廷を掌握《しょうあく》して行なう政治」は、もってのほかだったのです。

徹底抗戦を主張した門閥として、勘定《かんじょう》奉行の小栗上野介《おぐりこうずけのすけ》（忠順《ただまさ》）も挙げておきましょう。

名門旗本で外国奉行を務めた小栗ですが、彼が会津藩の松平容保らと異なるのはフランスとのパイプがあり、欧米を視察して西洋に関する知識を持っていた点です。

門閥出身ではないですが、同じく幕府にしか生きる場所がないために新政府に抵抗した者もいます。新選組の近藤勇《いさみ》や土方歳三《ひじかたとしぞう》たちがその典型です。薩長の恨《うら》みを買った彼らには、最後まで抵抗する道しかありませんでした。幕臣の武闘派が中心となって結成された彰義隊《しょうぎたい》の渋沢喜作《きさく》（渋沢栄一の従兄《いとこ》）なども、この部類に入ります。

幕府は軍を近代化していくうえで、西洋的な技術を持つ者を登用していきました。中には、門閥出身ではないにもかかわらず、その技能を評価されて出世した者もいます。

西洋知識を持つ者たちの間でも、慶喜と小栗のように、恭順派と徹底抗戦派に分かれました。

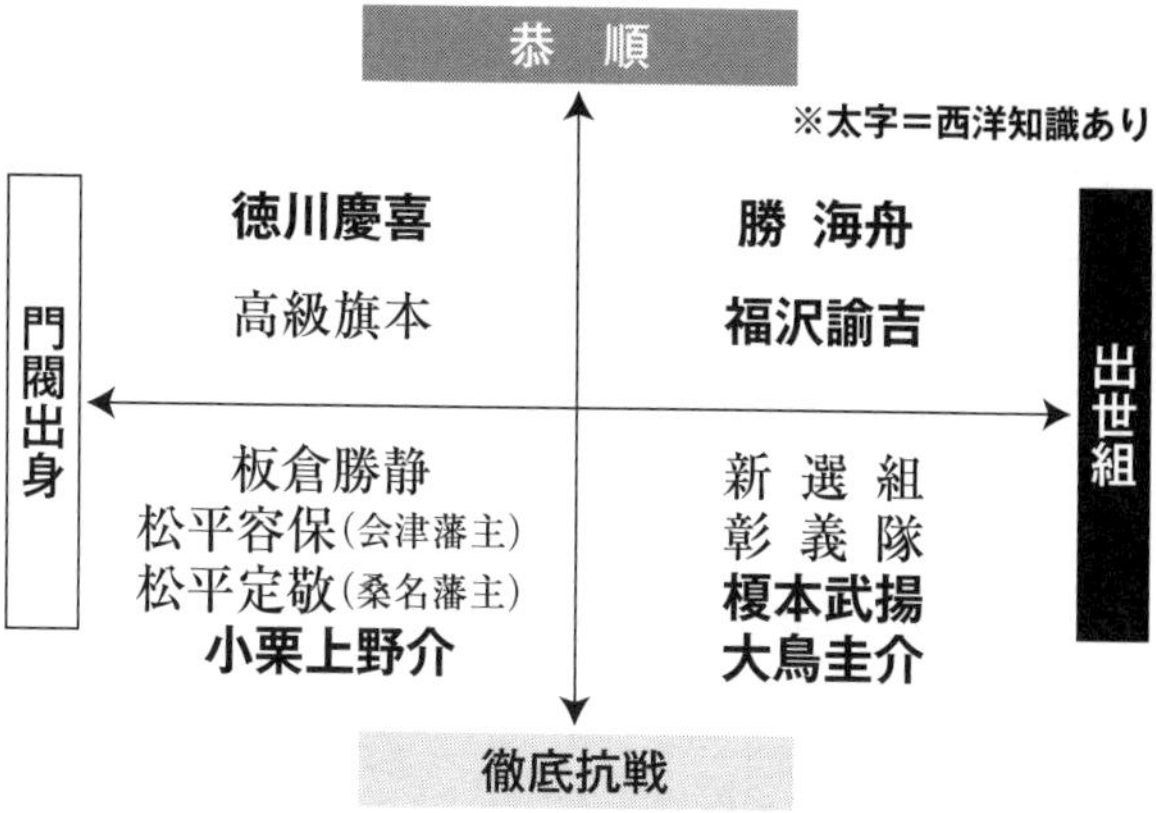

西洋知識ありの出世組で徹底抗戦派の代表といえば、海軍では榎本武揚《えのもとたけあき》、陸軍では大鳥圭介《おおとりけいすけ》でしょう。彼らは自分の指揮下にある洋式の軍事力に自信があったので、「薩長なにするものぞ」と徹底抗戦する立場を取りました。

実は、慶喜が大坂城から敗走しても、旧幕府軍はまだ強い戦力を維持していました。特に海軍力ではかなう藩はなく、薩長と軍事的に対決しても、まだ勝機はある――そんな考えだったのです。

海軍は巨額の費用がかかります。諸藩ではなかなか艦隊をつくることができず、幕府がダントツの艦《かん》艇《てい》保有量でした。薩摩と佐賀などがそれに次ぎますが、加賀百万石でさえ、なんとか持った程度で、十万石の宇和島藩にいたっては、「海軍ごっこ」に近い艦船しかありませんでした。そんな状況でしたから、旧幕府側がまだまだ軍事的に勝機があると考えても、あながち無謀ではなかったのです。

こうした強硬派と反対に、慶喜と同じく、恭順する道を選んだ西洋知識ありの出世組もいました。代表的なのは勝海舟《かつかいしゅう》です。西洋知識あり、出世組、恭順派の筆頭といっていいでしょう。そして一時は幕臣になっていた福沢諭吉《ゆきち》も、この部類に入ります。のちに袂《たもと》を分かつ二人ですが、この頃はまだ、新政府に抵抗する気がないという点で、立場が近かったのです。

恭順派は他にもいます。あまり注目されませんが、大名に準じる高級旗本の中には名門・門閥でありながら、新政府に尻尾《しっぽ》を振ったケースもかなり見られました。超高禄《ちょうこうろく》の旗本の多くは、新政府から「京都に移り、天皇の朝廷に出仕せよ」と誘われると、さっさと徳川家を裏切って上洛し、「中大夫《ちゅうたいふ》」や「下大夫《げだゆう》」という新しい身分をもらいました。五千石から八千石くらいの領地を持つ旗本は、独立領主の意識が強いのです。幕府より自分の家を第一に考えた結果でした（石川寛《ひろし》「交代寄合高木家主従の明治維新」『名古屋大学附属図書館研究年報』8）。実際、数千石の旗本で徹底抗戦した家は少ないものでした。

この傾向は譜代大名にもあてはまります。たとえば、京都に近い淀城を預かり、淀川の水門も含めて要衝《ようしょう》を押さえる立場にあった淀藩は、当主の稲葉正邦が現職の老中だったにもかかわらず、前述のように城門を閉めて、鳥羽伏見から敗走してきた徳川慶喜を城へ入れず、早々に新政府側についています。

全体的に見て、低い身分から幕府に登用され恩義を感じていた人、洋式軍隊の指揮に自信のあった人、新選組や譜代門閥の一部のように、薩長の志士をさんざん弾圧・殺害したため、新政府に処刑されそうな人、これらが結合して新政府軍に抵抗し、戊辰《ぼしん》戦争が長期化したといえるでしょう。

どこよりも人材豊富だった幕府

「旧態依然とした江戸幕府は、近代化ができないから滅びた」

明治維新を語る際、幕府について、このような教科書的な認識が流布《るふ》していますが、その見方は正確ではありません。

幕府は近代化ができなかったのではなく、むしろ幕府が先に日本を近代化しそうに見えたので、薩摩・長州が焦り、急いで戦いに持ち込んで潰した、というのが真相に近いのです。

したがって、近代化を担う人材は、日本の中では幕府が最も豊富でした。

その理由の一つは、江戸時代を通じて、長崎でオランダとの外交・貿易を続け、「和蘭陀通詞《オランダつうじ》」と呼ばれる通訳たちを抱えてきたことにあります。

諸藩は、対馬《つしま》藩・薩摩藩・松前《まつまえ》藩という例外を除き、外交はもちろん、貿易も許されていませんから、通訳を非公式にしか持つことができませんでした。

幕末時、西洋の新聞を翻訳できる藩はほとんどありません。若干できたのが薩摩藩で、それは長崎オランダ通詞の今村源右衛門《いまむらげんえもん》家から、養子をこっそり薩摩に連れてきて、翻訳技術を入手していたからです。その他には、学者の独学で西洋の新聞を読解しようとした水戸藩も挙げられますが、大量の翻訳人材を持つ幕府には及ぶべくもありませんでした。

蘭学者を多く抱えていたことに加え、福沢諭吉のようにオランダ語だけでなく英語にも関心を持った者や、「これからは英語が大事だ」と指摘した緒方洪庵《おがたこうあん》なども登用され、西洋知識を有する幕府の人材は、さらに厚みを増していました。

言語の他に重要なのは軍隊です。

嘉永六年（一八五三）のペリー来航後、約十年をかけて、幕府は西洋式の軍隊を育成していきました。

それは建物でたとえるならば、旗本たちの軍勢が元々あった「母屋《おもや》」であり、西洋式の軍隊は、新たに増築された「建て増し」といえます。「母屋」とは異なり、「建て増し」のほうは「業前《わざまえ》」の場、つまり、能力のある者が出世できる環境でした。

本来、身分と格式を重んじる幕府が、身分の低い人間を軍の指揮官に据えることは困難でした。たとえば、勘定所のソロバン役や医者なら能力主義でもいいのです。そうはいかないのが、軍事指揮権を持つ職でした。幕府は軍事政権です。軍事指揮職は武士のランク付けで一番大事な部分で、ここだけは完全能力主義にするわけにはいきませんでした。これを打開するために考え出されたのが、「並《なみ》」というポジションでした。

「陸軍奉行並」や「海軍奉行並」は、奉行ではないが、同等の実権を持つ者です。

本当は指揮官ではないが、指揮官ということにする――。

これは日本人が得意とする、「見立て」を活用したアイデアといえますが、優秀な人材を抜擢《ばってき》できるようにするための、いわば「抜け道」です。

さらに、人材育成の点で重要なのは、幕府が積極的に外交を担ったという点も挙げられます。万延《まんえん》元年（一八六〇）に渡米した遣米《けんべい》使節団、渋沢栄一が随員《ずいいん》として参加した慶応三年の遣欧《けんおう》使節団など、幕府は欧米に何度も使節団を送っています（宮永孝《たかし》『幕末遣欧使節団』講談社学術文庫）。実際に西洋を見て帰ってきた随行員たちが、幕府の中には大勢いたという面でも、他の藩を圧倒しています。

以上のことから、近代化を実行するときに「使える人材」は、幕府に集中していたといってもいいでしょう。

旧幕臣たちは「縁の下の力持ち」だった

新政府の中核を担っていた藩を「薩長土肥《どひ》」と表現しますが、当時の史料を見ると、新政府軍が旧幕府軍と最初にぶつかった鳥羽伏見の戦いにおいては、「薩長土因《いん》」と記されています。

「因」とは因幡《いなば》、鳥取藩のことです。

鳥羽伏見の戦いのとき、肥前《ひぜん》（佐賀藩）の兵は、若干の先発隊が兵庫・大坂あたりにいただけ。実際には佐賀藩兵は、戦いが終わってから京都に来ています。

それがなぜ、「薩長土肥」になったのか――。

長崎の警備を担うことで西洋の知識を得ていた佐賀藩は、いち早く砲を鋳造《ちゅうぞう》するための反射炉《はんしゃろ》を建て、自転車から鉄橋まで、いろいろなものを造っています。人材の面でも、東芝《とうしば》の始祖である「からくり儀右衛門《ぎえもん》」こと田中久重《ひさしげ》など、逸材《いつざい》を揃《そろ》えていました。

佐賀藩の教育はすさまじく、学問ができなければ禄高を削られてしまいます。そうした秀才教育を行なうことで、外様大名の中では近代化を担う人材が最も充実していったのです。

その佐賀藩の力を新政府が取り込んだことが、のちに「薩長土肥」と書き換えられた一因です（もう一つ大きな理由がありますが、それは次章で述べます）。

しかしながら、日本の近代化を進めるうえで、薩長土肥だけでは人材不足は否《いな》めません。結局、旧幕府の優秀な人材の西洋知識に頼るほかありませんでした。

たとえば、渋沢栄一。洋行経験があり、明治維新後に静岡にいた渋沢は新政府に招かれ、大蔵省の役人になっています。上司は西洋に行ったことのない佐賀藩出身の大隈重信《おおくましげのぶ》で、彼はさまざまな起案、立案を行なう係に渋沢をあてました。

また、徹底抗戦派として戊辰戦争を箱館《はこだて》まで戦い抜いた榎本武揚や大鳥圭介も、西洋の知識が豊富でしたので、降伏後に投獄《とうごく》されるも早々に赦免《しゃめん》、新政府のポストに就いています。

一方で、西洋知識があったにもかかわらず、門閥出身で抗戦を主張していた小栗上野介は、斬首《ざんしゅ》という結末でした。小栗は政治的実力がありすぎ、新政府には厄介だったのでしょう。

また、在野で近代化を支えた旧幕臣も見落としてはなりません。

旧幕府の徹底抗戦派で処刑されなかった者は、投獄後、赦免されました。前出の彰義隊・渋沢喜作や、「龍馬を斬った男」といわれる見廻組・今井信郎《のぶお》がそれにあたります。維新後、徳川宗家が与えられた静岡などの東日本で、輸出品の生糸《きいと》や茶の仕事に就き、産業を興《おこ》し、外貨を稼いで国家に貢献しようとした者も多くいます。

福沢諭吉や、官界を辞した後の渋沢栄一もまた同様で、彼らは東京で「西洋風」のものを創っていきます。

渋沢栄一が日本で最初の銀行、第一国立銀行を造り、それを見に来た地方の人たちが、「文明開化とは、こういうものか」と見様見真似《みようみまね》で、同じものを自分の地元で造ってみる。それを見た地域の人が、さらに自分のところでそれを……というように、連鎖していくことによって、近代化が各地に浸透していきました。

福沢諭吉は学校、慶應義塾《けいおうぎじゅく》を作り、そこで学んだ人が近代化を田舎へ持って帰りました。また、「時事新報《じじしんぽう》」という新聞を発行して、近代化や西洋とはどういうものかを、津々浦々《つつうらうら》にまで伝えていったのです。

旧幕臣の彼らは「縁の下の力持ち」の役割を果たし、明治近代化を支えたわけです。結局のところ、明治新政府は「徳川幕府」の外側を壊し、内側の優秀な人材を利用して、近代化を成し遂げたといってよいでしょう。潰した幕府の建材を使って、目立つ外側だけを「薩長印《じるし》」にしたのが明治の日本だったといえます。

そうした視点で日本史を眺めると、また違う一面が見えてくるのではないでしょうか。

＊　＊　＊

最後に、西洋の知識や技術を持っていない旧幕臣にも目を向けておきましょう。

士族《しぞく》で役人になれた者は全体の二割もいません（松村敏《さとし》「武士の近代―1890年代を中心とした金沢士族―」『商経論叢《しょうけいろんそう》』45－4）。旧幕臣が官職に就くのは、かなり難しいものでした。

したがって、武士の職を失った大多数は極貧生活を送りました。ただし、必ずしも悲観的だったわけではありません。

たとえば、山岡鉄舟《やまおかてっしゅう》。江戸無血開城のお膳立《ぜんだ》てを行なった鉄舟は、謹慎中で暗い表情をしている慶喜を励まそうと、人はゆで卵を何個食べられるか、などと言って、目の前でゆで卵をいくつも食べて見せたといいます（磯田道史『日本人の叡智《えいち》』新潮新書）。

それが原因ではないでしょうが、のちに胃癌《いがん》を発症。医者から「いかん」と諭《さと》されています。しかしそんな状況に陥《おちい》っても鉄舟は、「御医者さん　胃癌胃癌と　申せども　いかん中にも　よいとこもあり」と、ユーモアたっぷりの和歌を詠んだ――。

そこに、二百六十五年の江戸時代が培《つちか》った、幕臣の精神の余裕がうかがえます。泰然自《たいぜんじ》若《じゃく》としたその姿に感慨を覚えるのは、私だけではないでしょう。

もう一人、旧幕臣の末裔《まつえい》を取り上げておきたい。

落語家の五代目古今亭志ん生《ここんていしんしょう》です。本名を美濃部孝蔵《みのべこうぞう》といい、祖父の代まで直参《じきさん》旗本でした（磯田前掲書）。

美濃部家は元々、甲賀《こうか》からやってきた旗本で、幕府が潰れた後、祖父は新宿の赤城《あかぎ》神社の神主、父は警視庁の巡査になり、貧乏のどん底に落ちます。

少年時代の志ん生は、家に残っていた道具類を持ち出して売り払い、酒、女、博打《ばくち》に手を出します。これを知った父親に槍《やり》で刺し殺されかけ、家を逃げ出すと、朝鮮半島に渡って印刷会社に勤めたり、東京に戻ってきて人力車《じんりきしや》の車夫《しやふ》をやったりした末に、落語と出会い、昭和を代表する落語家になりました。

「地下鉄の　切符《きつぷ》落として　平気なり」（美濃部由紀子『志ん生が語るクオリティの高い貧乏のススメ』講談社＋α新書）

これは志ん生の詠んだ川柳《せんりゆう》ですが、武士の家は、金の有無を屁《へ》とも思っていないところがあります。金があろうとなかろうと、泰然自若と生きていく。その感覚が孫の代まで引き継がれたのではないでしょうか。

第四章

「神君の仕組み」を破壊した人々が創った近代日本とは

討幕《とうばく》における主演・助演・脇役

幕末に京都が政局の中心となったのは、文久《ぶんきゅう》三年（一八六三）春に、十四代将軍・徳川家茂《いえもち》が京都に入ってから、慶応《けいおう》四年（一八六八）一月に起こった鳥羽伏見《とばふしみ》の戦いまでの、五年間にすぎません。

この五年間は日本の歴史において、極めて重要な時期だったといえますが、慶応三年（一八六七）十二月の「王政復古《おうせいふっこ》のクーデター」で新政府が発足し、明治二年（一八六九）に戊辰《ぼしん》戦争を終わらせた後も、明治六年（一八七三）の政変、明治十年（一八七七）の西《せい》南《なん》戦争、そして明治十四年（一八八一）の政変にいたるまでは、誰が日本を引っ張っていくのか、まったく先の見通せない政治状況が続きました。

新政府の主要なメンバーは、いわゆる「薩長土肥《さっちょうどひ》」です。

これは、薩摩《さつま》藩、長州《ちょうしゅう》藩、土佐《とさ》藩、肥前《ひぜん》藩（佐賀藩）をひとくくりにした表現ですが、この順番は、新政府における勢力の多寡《たか》を的確に表わしてもいます。

まず、一番目に挙げられる薩摩は、討幕《とうばく》派の中心です。

五摂家《ごせっけ》筆頭の近衛家《このえけ》を抱き込み、幕末の動乱期を通じて、京都政局における「台風の目」であり続けました。元治《げんじ》元年（一八六四）の禁門《きんもん》の変以降、一時期、「一《いち》・会《かい》・桑《そう》（一橋家《ひとつばしけ》、会津藩《あいづはん》、桑名藩《くわなはん》）」が勢いを増しましたが、彼らも薩摩藩は恐れていました。

しかし、薩摩藩にも越えなければならない壁はありました。日本全土の人心《じんしん》をつかみきれておらず、世間の同情を集める長州藩に比べ、世論の支持に不安があったのです。

長州藩は世論を意識して、文久三年、下関《しものせき》を通る外国船に発砲して攘夷《じょうい》を断行しています。だらしない幕府とは違うと、世間の喝采《かっさい》を受けていました。

薩摩藩は一藩で討幕を成し遂げるのは難しいと考え、パートナーとして長州藩を引き入れます。慶応二年（一八六六）に結ばれたこの薩長同盟には、岩倉具視《いわくらともみ》が隠棲《いんせい》中に考えついた『全国合同策』の「薩長龍虎論《りゅうころん》」の影響も大きかったのです。

「薩長二藩は龍虎の如《ごと》し。風雲にあえば、どれほどの勢いが生じるかわからない」

このような視点から、薩摩と長州に手を結ばせて幕府に対抗し、朝廷中心の政権をつくろうと岩倉は目論《もくろ》みます。

そして縁者を使って薩長連携の下工作を始めたところ、それを土佐浪士の中岡慎太郎《しんたろう》や坂本龍馬《りょうま》らが助け、薩摩藩の西郷隆盛《たかもり》、大久保利通《としみち》がその話に乗りました。

岩倉は稀代《きだい》の策士です。王政復古のクーデターで新政府を発足させ、自らの謹慎処分を解かせるのに成功すると、岩倉は「朝敵《ちょうてき》になっている長州藩を許し、藩兵を京都に入れる」ことを決定させます。これで長州は、再び京都に入れることになりました。長州が以後、日本政治に深く関与できることになった瞬間です。

明くる慶応四年一月の鳥羽伏見の戦いは、薩摩藩主導で行なわれた討幕劇で、いうなれば、主演が薩摩、助演が長州という配役でした。とはいえ実際には、長州藩は許されたばかりなので、京都における兵力が十分ではありませんでした。

そこで「脇役」として、討幕派から声をかけられたのが土佐藩です。

しかし、土佐藩・前藩主の山内容堂《やまうちようどう》は、あまり乗り気ではありませんでした。土佐藩の山内家は、関ケ原の戦いで徳川方に与《くみ》して加増されています。大幅に減封《げんぽう》された薩摩の島津《しまづ》家や長州の毛利《もうり》家のような、幕府への恨《うら》みはそもそもありません。そのため、「討幕の流れに乗るとしても、徳川に怨恨《えんこん》はない。藩の政治的地位を保ちたいだけだ」という姿勢だったのです。

ところが、京都に駐在していた板垣退助《いたがきたいすけ》らが、藩の方針を踏み越えて、積極的に討幕へ参加してしまったのです。こうして主演・薩摩、助演・長州に加えて、脇役・土佐の三藩が、討幕の舞台に上がりました。

さらに因幡《いなば》藩（鳥取藩）も加え、「薩長土因《いん》」で新政府軍の主力を構成しましたが、実は討幕勢力が、「脇役」として喉《のど》から手が出るほどほしかったのは、「肥」の佐賀藩でした。

前章で佐賀藩の人材について述べましたが、鳥羽伏見の戦いの時点では、佐賀藩は日本で最強の火力を有する藩だったのです。しかし、鳥羽伏見の戦いには参加せず、勝負がついてから京都に入ってきました。

それでも、新政府は、「遅い」などと佐賀藩を無下《むげ》には扱えませんでした。鳥羽伏見の戦いで旧幕府軍を破ったものの、決着がついたわけではなく、徳川との戦いは第二幕へと向かっていたからです。

鳥羽伏見の戦いに勝った新政府軍――官軍と本人たちは言っています――は、結局のところ、寄せ集めでしかありません。東へ攻めていく際に最初の関門となる近江《おうみ》の彦根《ひこね》藩との戦いは、やらずにすみました。彦根城は城門が鉄張り防火仕様になっているほど、守りの堅い城です。これが無血で手に入りました。

武家社会はマッチョな軍事政権です。彦根藩は安政《あんせい》七年（一八六〇）の桜田門外《さくらだもんがい》の変で藩主の井伊直弼《いいなおすけ》が暗殺されたうえ、慶応二年に始まった第二次長州征伐《せいばつ》で、長州藩に散々やられて武威《ぶい》も傷つけられていました。もはや徳川のために徹底抗戦する気がなえていたのです。本来は徳川軍の先鋒を務めるはずの彦根藩井伊家は、藩内で議論があったものの、戦うことなく新政府に従います。

彦根藩の先の美濃《みの》には、鳥羽伏見で新政府軍と戦った大垣《おおがき》藩戸田《とだ》家がありますが、ここも本格的に抵抗はしませんでした。

さらに御三家《ごさんけ》の一つである尾張《おわり》徳川家も、鳥羽伏見の戦いの勝利を見せつけられて朝廷側に与《くみ》し、道案内をするだけでなく、征討《せいとう》軍に加わります。もっとも、御三家に江戸攻めをさせるのは酷《こく》だからでしょう。尾張藩の兵は北陸方面に向けられました。紀州《きしゅう》徳川家は京都警備を務めました。

愛知県から静岡県にかけての、岡崎《おかざき》、豊橋《とよはし》、浜松《はままつ》、掛川《かけがわ》あたりは小藩なので案じるほどではないですが、旧幕府の直轄領《ちょっかつりょう》である駿府《すんぷ》（静岡）城を突破し、箱根《はこね》の山を越えられるか、どうかが問題でした。まだ残っている旧幕府海軍が駿河《するが》湾の沖合に現われ、海上から砲撃されたら、新政府軍はかなりの損害を出すことが予想されたからです。

ところが、大坂城を脱走して海路で江戸に戻った徳川慶喜《よしのぶ》は、上野の寛永寺《かんえいじ》に入って恭《きょう》順《じゅん》の意を示します。

そのため、旧幕府側は主戦派の人たちの旗色《はたいろ》が悪くなり、主流から退けられました。そして、勝海舟《かつかいしゅう》が老中《ろうじゅう》の代役を務め、徳川宗家の解体整理が始まるのです。

新政府軍は江戸開城まで、抵抗らしい抵抗をほとんど受けませんでした。しかし、江戸から北へ進むためには、佐賀藩の火力が必要だと明らかになります。まだ新政府軍が押さえることができていない新潟港では、外国の商人から会津藩などが武器を手に入れていたからです。

新式銃の威力で鳥羽伏見の戦いに勝ち、江戸まで来ることができたものの、同じような火器を持つ会津藩などとの戦いは、これまでのようにはいかないと、合理主義者である長州の大村益次郎《おおむらますじろう》は分析しました。

しかも、奥羽越列藩同盟《おううえつれっぱん》の人たちにとって、新政府軍との戦いは郷土防衛戦となるだけに、簡単には決着がつかず、戦線が膠着《こうちゃく》する可能性も否定できません。

その危惧《きぐ》を拭《ぬぐ》い去ったのは、佐賀藩の最先端軍事力でした。

慶応四年四月の江戸無血開城後、上野の山に立て籠《こ》もった彰義隊《しょうぎたい》との戦いで、討幕劇の第二幕の舞台に上がった佐賀藩は、持てる力を遺憾《いかん》なく発揮します。

佐賀藩のアームストロング砲は、圧倒的な威力を見せつけました。また、当時最強の銃であるスペンサー銃をフル装備している佐賀藩の武雄《たけお》兵は、欧米列強の軍隊と比べても優れた武装の部隊でした。

戊辰戦争における佐賀藩の功績は大きく、脇役程度のポジションながら、「助演賞を獲《と》った」といっても過言ではありません。その陰で、「薩長土因」だった鳥取（因幡）藩の維新の功績はほぼ忘れ去られました。

このような討幕の経緯を、「薩長土肥」は文字通り反映しているのです。

つまり、「主演は薩摩、助演が長州、脇役に土佐、第二幕で活躍した肥前（佐賀）がその後に続く」という序列です。このときの功績を背景に明治新政府の権力を分け合うことになりました。

踏襲《とうしゅう》された江戸時代の会議の形式

慶応四年に発足した新政府は、古代の官職名を並べたような太政官制《だじょうかんせい》を取り入れ、明治二年（一八六九）の改革で、大臣等と参議《さんぎ》の「二階建て」の構造になりました。

主なメンバーは以下のとおりです。

まず、最も身分の高かったのは、長州藩に近かった三条実美《さんじょうさねとみ》。三条は右大臣を経て、明治四年（一八七一）の改革で太政大臣に就任しました。

また薩摩藩と一緒に討幕のシナリオをつくった岩倉具視は、大納言《だいなごん》を経て右大臣に就任します。

参議は発足当初、薩摩の大久保利通、長州の前原一誠《まえばらいっせい》、広沢真臣《ひろさわさねおみ》、佐賀の副島種臣《そえじまたねおみ》でしたが、翌年、土佐の佐々木高行《たかゆき》、斎藤利行《としゆき》、長州の木戸《きど》孝允《たかよし》（桂小五郎《かつらこごろう》）、佐賀の大隈重《おおくましげ》信《のぶ》が加わりました。

明治四年以降、参議は徐々に増やされて、西郷隆盛（薩摩）、板垣退助（土佐）、続いてその二年後には後藤象二郎《しょうじろう》（土佐）、大木喬任《おおきたかとう》（佐賀）、江藤新平《えとうしんぺい》（佐賀）、伊藤博文《ひろぶみ》（長州）などが加わります。

彼らによって新政府の針路が決められたわけですが、実は、江戸時代の藩が政策を決める際のやり方が、そのまま受け継がれていました。

江戸後期になると、藩の会議は藩主の御座所《ござしょ》ではなく、家老の会議室で開かれ、五名から十名ほどの家老が出席、藩主自らが臨席することはめったにありませんでした。

ちなみに、諸藩では家老の会議室を「政府」、家老会議に参加できる人を「役人」と呼んでいます。また、明治の早い段階では、「県庁」といえば、以前の家老の会議室が元になっていたのです。

本題に戻ると、家格の高い家老は上座《かみざ》に座り、議長のようにあまり発言せず、聞く側にまわります。一方、下座《しもざ》には下級の家老や行政の各部署を預かる奉行《ぶぎょう》などの役人（現代の内閣でいえば、閣僚にあたる）が座り、所轄《しょかつ》の仕事に関する意見を述べます。会議の最後に上座の家老が発言をとりまとめ、政策などが決められて終わるのです。

藩で育ってきた人たちが参議になっているので当然ですが、こうした江戸時代の家老による会議の形式が、明治新政府でも踏襲されたといえます。

したがって、明治天皇が臨席する「御前《ごぜん》会議」は、戦争の開始など、国家の存亡に関わる議題のときだけで、普段、会議に天皇の姿はありません。江戸時代、会議に藩主がいないことが多かったのと同じです。大臣が上座で話を聞き、各藩出身の参議が意見を述べるという形でした。

明治二年に太政官制が整えられた際、大蔵省、兵部《ひょうぶ》省、民部《みんぶ》省など六省が設けられ、参議はそれぞれの省の上に位置して、各省の要求を主張しました。

■明治政府の組織図

太政官制

明治2年（1869）	右大臣	三条実美
	大納言	岩倉具視、徳大寺実則、鍋島直正、中御門経之
	参議	薩摩　大久保利通 長州　前原一誠 長州　広沢真臣 佐賀　副島種臣
明治3年（1870）	大納言追加	正親町三条実愛
	参議追加	土佐　佐々木高行 土佐　斎藤利行 長州　木戸孝允 佐賀　大隈重信
明治4年（1871）	太政大臣	三条実美
	右大臣	岩倉具視
	参議追加	薩摩　西郷隆盛 土佐　板垣退助

※大納言の官職は廃止

二官六省制

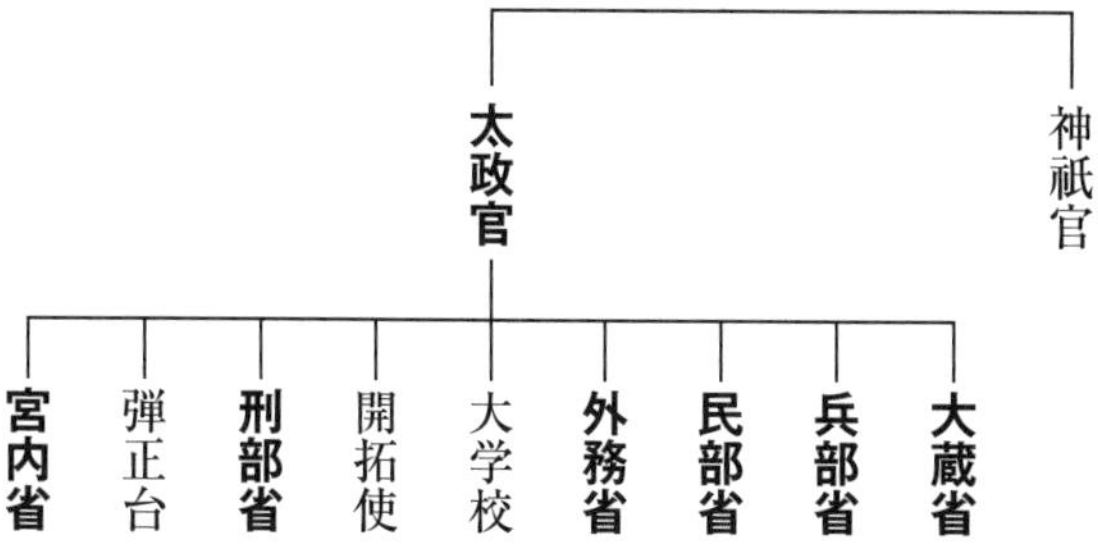

ここで問題なのは、「薩長土肥」がそれぞれ、特定の省に偏《かたよ》った影響力を持ったことです。海軍は薩摩（下級の官吏《かんり》は佐賀藩の人たちと幕臣が入った）、陸軍は長州と薩摩、大蔵省は長州と佐賀、司法省は佐賀など、各省が提示する政策が、藩閥《はんばつ》の力関係の中で議論されていました。

当然ながら、有力な藩閥を母体とする参議の立場が強くなります。「薩長土肥」の中で四番目の佐賀藩などは言い分が通りにくく、また陸海軍や内務警察といった「強制力」を薩長が握っているため、不満が溜《た》まりやすかった面があります。

寄せ集めでつくった政府にはありがちな話ですが、こうした参議内での格差がたびたび弊害《へいがい》を引き起こしました。そもそもが一筋縄ではいかない人たちの集まりですから、意見が対立すると、容易に収まらず、まことに悩ましい状態だったといえます。

リーダーが二年近く、国を空ける異常事態

近代化を進めるために、明治新政府がやるべき課題は山積していました。

たとえば、かつての武士＝士族の禄《ろく》を取り上げて、殖産興業《しょくさんこうぎょう》のために多く使えるよう、

歳出の方向を変える必要がありました。また、幕府が発行していたお金は使えないので、明治政府の通貨を新たに発行しなければなりません。

さらに、年貢《ねんぐ》を米という現物で納めていたものを、近代国家らしく金納にする税制改革も必要でした。

「何をやらなければならないか」「どうやればいいか」をわかっているのは、渋沢栄一など、洋行経験のある官吏たちです。

大久保利通や木戸孝允たちは政府の中枢に入ったものの、外国に行ったことがないため、近代化を目指す政策において主導権を握りづらい状態でした。これをどうにかするためには、西洋を知るしかありません。

一方、公家《くげ》の出身である岩倉具視には武家に対する不信感があり、「また足利尊氏《あしかがたかうじ》のような者が現われ、天皇から政権を奪い取ってしまうのではないか」と内心で危惧していたようです。その岩倉もまた、西洋を見聞し、その様子を天皇に伝えて、新しい国造りを進めたいと考えていました。

そうした状況の中、「イギリスに行ったことがあります。英語もできます」とアピールする伊藤博文の働きかけで、岩倉を特命全権大使、大久保、木戸たちを副使として西洋視察旅行が実現します。

明治四年から二年近く、アメリカからイギリス、フランス、ロシアなどを巡った「岩倉使節団」です。

教科書ではこの欧米視察を通じて、彼らが西洋を勉強して帰ってきて、明治新政府の骨格をつくったとしていますが、岩倉使節団は褒《ほ》めそやされるようなものではありません。二年近くの長期にわたって、リーダーがこぞって国を空けて海外に赴《おもむ》く事態は異常です。新政府のリーダーたちが西洋を知らないのなら、西洋に行ったことのある者に任せればすむ話です。

なぜ、そうしなかったのか――。

岩倉と大久保が、あくまで自分の手で、日本の近代化、「富国強兵《ふこくきょうへい》」をやりたかったからです。この二人は権力に粘着《ねんちゃく》的でした。一度握った権力を手放しません。同時に、実行欲が強いのです。

だから、すでに西洋の知識と技術を持つ人材が旧幕府や諸藩にいたのに、彼らに任せようとはせず、自分の西洋への無知を補うために海外旅行をしたのです。その間、日本国民は待たされ、果ては西南戦争まで起きることになり、大いに迷惑をかけられたともいえます。

同じことは、伊藤博文にもいえます。

後述しますが、ドイツ式の憲法を創ろうとしたときには、ドイツ語のできる熊本藩出身の井上毅《こわし》がいたため、すぐにでも始められました。しかし、伊藤は憲法の作成を留め置き、一年もの間、ヨーロッパに留学しています。「自分が憲法を書きました」と言うためでしょう。政治を自分だけでやろうとするな、と言ってやりたくなります。「周りに優れた人たちが必ずいるから、探しなさい。そして、任せなさい」と、強欲な政治家には言わなければいけません。そうでないと、迷惑を被るのは国民なのです。

その点、さっさと故郷に帰った西郷隆盛は潔《いさぎよ》いものでした。西洋がわからないのなら、わかる人に任せる。自分は東洋の道義を若者に教える――。

西郷の行動は筋が通っています。

なお、日記に自分の感想をあまり書かない大久保が、福沢諭吉《ゆきち》と会ったときは珍しく、「種々《しゆじゆ》談話有之《これあり》面白く、流石《さすが》有名に恥《はじ》ず」と記していますが、なんという上から目線だろうかと思わざるを得ません。

大久保の生まれた場所が、鹿児島加治屋町《かじやちよう》の西郷の家の近くではなく、中津《なかつ》藩の下級武士の屋敷だったら、おそらく中津藩の大参事か小参事ぐらいで終わったでしょう。大久保を大久保たらしめたのは、環境です。カリスマ性で一直線に周りを引きずりまわす西郷隆盛の横に偶然居たからこその出世です。

西郷や福沢は、どんな環境に置かれても、「自分の力」で「自分になる」ことができます。その点では福沢のほうが、大久保よりよほどすごいのです。大久保を三流とまでは言わずとも、二流というのが私の評価です。歴史人物には自分の力で光を放つ太陽の如き人物と、他人の光で浮かぶ月の如き人物の二種類がいます。

人物を見るときには、「環境（出身や家格）の影響でその地位にいるのか、本人の力でその地位にいるのか」を考えるのは、歴史を見るときのポイントの一つです。

岩倉使節団がいない間の約束破りの改革

政府のトップが日本を離れている間、留守を預かった参議は西郷隆盛、板垣退助、大隈重信でした。

西郷は大久保利通と同様、欧米へ行ったことはありません。

なぜ、西郷は岩倉使節団に参加しなかったのでしょうか――。

大久保とともに明治維新を成し遂げた西郷でしたが、二人の考え方は異なっていました。「枝葉《えだは》の技術や方法において西洋に学ぶべきところはあるが、国造りに大事な根本は精神だ。日本の精神は西洋社会より上にある」――。西郷はそう考えていたのです。

だからこそ、「国家の細かいところを決める人たちが、洋行して見てきてくれ。自分は留守を預かる」と日本に残る道を選択したのでしょう。

また、大隈も欧米に行ったことがないにもかかわらず、日本に残りました。彼の場合は、洋行する必要があまりなかったのだと思われます。

大隈の出身である佐賀藩の藩主・鍋島直正《なべしまなおまさ》（閑叟《かんそう》）は先見性のある人物で、早くから「世界を支配しているのはイギリス」と見ていました。

オランダ生まれでアメリカの宣教師だったフルベッキを招き、慶応三年（一八六七）、致遠館《ちえんかん》という藩の学校を長崎に作って、藩士たちに英語を学ばせています。それを推し進めていた担当の一人が大隈でした。

致遠館では、新約聖書とアメリカ合衆国憲法をテキストにして英語を教えたといいますが（井上篤夫《あつお》『フルベッキ伝』国書刊行会）、大隈は致遠館時代に西洋事情にかなり通じていました。そんな大隈からすれば、「大久保たちは、今さら欧州に行くのか」と内心で思っていたのかもしれません。

余談になりますが、フルベッキが長崎を去って東京へ向かうとき、佐賀藩の若い人たちやその関係者と一緒に、黎明期《れいめい》の写真家・上野彦馬《うえのひこま》に撮ってもらった有名な写真がありま す。これを幕末の志士たちの集合写真と信じる人がいたり、「フリーメイソンが、背後から幕末の志士たちを操作した証拠の写真だ」と真顔で語る人もいますが、実際は佐賀藩の学校の送別会の記念写真にすぎません。

それはさておき、岩倉使節団の出発前、留守を預かる人たちは「廃藩置県の事後処置はやっても、新規の改革は行なわない」と約束させられました（『大臣参議及《および》各省卿大輔約《きょうたいふやく》定書《じょうしょ》』）。

ところが、それまで実質的に政府を動かしてきた岩倉、大久保、木戸がいないことに加えて、トップの太政大臣はおっとりした三条実美です。しかも、「やりましょう」と言えば、「よし」と応えてくれるような物わかりのいい西郷が残り、さらに留守政府の中には、西洋の事情をある程度知っている人材が少なくありませんでした。

大隈は、「やるなら、今しかない」と考えたのでしょう。

まさしく「鬼の居ぬ間の洗濯」です。大隈は、佐賀藩人脈や旧幕臣の渋沢栄一などを動かしながら、さまざまな改革に着手していきます。

近代化の「基点」となった地租《ちそ》改正

留守政府の行なった改革として、まず明治五年（一八七二）の学制があります。

全国に学区を作り、学区ごとに小学校をはじめとする学校を置いて、教員を配置しました。近代化を進めるためには、国民の意識を変えなければいけないため、教育は早ければ早いほどよかったのです。これは正しい判断です。

徳川政権の限界は、門戸《もんこ》の開かれた学校を日本各地に作らなかったことでした。昌平坂《しょうへいざか》学問所はありましたが、武士のための学校です。

寛政《かんせい》元～三年（一七八九～九一）、大坂の学者・中井竹山《ちくざん》が松平定信《さだのぶ》に『草茅危言《そうぼうきげん》』を提出して、学校建設の重要性を論じています。しかし、さすがに徳川政権の段階では、学校教育を庶民にまで行政サービスで提供するにはいたりませんでした。中井竹山のような優れた知識人が政策提言をする様子については、清水光明《みつあき》『近世日本の政治改革と知識人中井竹山と『草茅危言』（東京大学出版会）などを参照ください。

また、新政府は太陽暦を採用して、旧暦の明治五年十二月三日を明治六年（一八七三）一月一日としました。

西洋諸国と暦《こよみ》が同じになるメリットもさることながら、旧暦の問題点は、閏月《うるうづき》といって十三カ月ある年が不規則に生じてしまう点でした。税金は一年単位で徴収するのに、十三回、給料を払わなければならない年が生じるのでは、困ります。

それに加え、陰陽師《おんみようじ》が日時を決め、天皇と政府の予定を支配する、平安時代のような旧習《きゆうしゆう》は改めたかったのでしょう。その日の吉凶《きつきよう》などを暦に載せる暦注《れきちゆう》などの迷信を断ち切り、文明開化を進める狙いもありました。

なお、暦の切り替えによって、前述したように明治五年が一カ月ほど短くなり、官吏に支払う給料を少し減らせると、大隈が思いついたともいわれています。国家の財政が厳しかったので、そうした理由もあったのかもしれません。

さらに明治六年には、国民に兵役を課す徴兵令が布告されました。戦闘要員である武士をなくすのであれば、やらざるを得ない措置です。

いずれも重要な政策ですが、近代化への一つの基点として重視すべきは、明治六年の地《ち》租《そ》改正でしょう。簡単にいえば、土地の所有者を確定して地券《ちけん》を発行し、税金を取るというものですが、その鍵は「排他《はいた》的所有権」の導入にありました。

たとえば、岡山の自作農が、二反《たん》の田んぼを持っていたとします。

江戸時代であれば、そこに徳川家の将軍がやってきて、「日本は徳川家が治めているのだから、ここは自分の土地だ」と主張してもおかしくありません。

また、岡山藩の殿様は「ウチの領地だ」と言うでしょうし、藩主からその土地を領地としてあてがわれた藩士は「私の知行地《ちぎょうち》だ」と言うはずです。

つまり、江戸時代の田畑は、将軍、大名、藩士、農民と、いくつもの「所有者」が重なっていて、所有権・所有者が唯一無二ではなく、その点はあいまいで重層的な所有関係だったのです。

所有者が不明確では、土地への課税ができません。近代化には、将軍、大名、藩士の「所有権」を否定して、自作農だけに排他的所有権を認めることが必要でした。それで地租改正が不可欠だったのです。

これとは別に、近代国家と前近代国家の大きな違いの一つに、「私的所有権を強く保障するかどうか」という点があります。

江戸時代中期、大坂の豪商《ごうしょう》・淀屋辰五郎《よどやたつごろう》が驕奢《きょうしゃ》な生活を咎《とが》められ、全財産を取り上げられたことがありました。

また江戸時代後期には、たびたび棄捐令《きえんれい》（旗本・御家人の生活難を救済するための借金の帳消し令）が出され、権力による借金の棒引きが行なわれました。しかも、身分によって扱いが違うこともありました。このような社会で、近代的な経済活動が可能でしょうか。

お上《かみ》の一存で資産を取り上げられるようでは、商売への意欲が失われます。借金が棒引きされるのでは、親戚や親しい間柄の中でしか、お金の貸し借りがしにくいでしょう。

そうした状況では、株券を発行して会社をつくったり、多額の預金を不特定多数から集めて、銀行を設立したりすることが難しくなります。

「近代経済は、私的所有権を強力に保障する制度の下にあって、初めて発展する」ものです。この考えを理論化したのは、アメリカのダグラス・セシル・ノースという独創的な経済学者でした。ノースはノーベル経済学賞を受賞しています。

かつては、近代資本主義は資本蓄積がつくると教えられました。本源的《ほんげん》蓄積論といいますが、民の間に余剰《よじょう》が生まれ、それが蓄えられると、生産財などに投資されたりして、資本主義が出来上がるという考え方です。

これに対してノースは、経済発展には「資本がたまる」よりも「制度」が先ではないかという説を打ち出しました。私的所有権を保障し、取引コストが低い社会にしないと近代化が起きず、資本主義は発達しないと指摘し、資本の蓄積より制度のほうが先だとしたのです。ノースのこの考えは、竹下公視《こうし》訳『制度・制度変化・経済成果』（晃洋《こうよう》書房）に詳しく表われています。制度が整えば取引が活性化し、資本主義の発展が生じるというのです。私はノースの理論は、おおむね正しいと思います。土地所有権を安定させれば金融取引も経済活動も安心して活発にできます。経済発展が起きるはずです。

もっとも、農民に排他的所有権を認めることは、「武士の特権＝領主権」を消滅させることにも繫《つな》がりますので、反発は必至《ひっし》でした。それでも、大隈たちは断行したのです。

これが、日本列島の特に西の周縁部で、士族の反乱が相次《あいつ》ぐ引き金の一つになった可能性があります。せっかく維新で手柄を立てたのに、廃刀令《はいとうれい》はあるわ、地租改正で領主権は脅《おびや》かされるわで、鹿児島や熊本の士族は不安と不満に包まれたのです。

もっとも、「武士の特権」がすぐに全廃《ぜんぱい》されたわけではありません。士族には「家禄《かろく》」が支給されていました。いわば「武士の年金」です。

拙著『武士の家計簿』（新潮新著）で取り上げた金沢藩の猪山《いのやま》家は、元の石高《こくだか》が百八十石で、明治五年の家禄は百十七円。大工の賃金水準で計算すると、当時の一円は現在の約三万円に相当しますから、家禄の年収は三百五十万円程度となります。

上級武士だった人はそれなりの金額をもらえたので、貧しさを受け入れさえすれば何とかやっていけました。

たとえば、伊予松山《いよまつやま》藩士の子である正岡子規《まさおかしき》の家は、彼を帝国大学に進学させるだけの余裕がありました。私自身の先祖も知行取りの武士でしたから家禄があって、仕事に就《つ》かなくても、娘が英語を学びに学校に通うくらいの学費を出すことができていました。

一方、正岡子規の友人で、同じく松山の秋山真之《あきやまさねゆき》、あるいは長州の乃木希典《のぎまれすけ》のような徒士《かち》（徒歩で戦場に行く人たちで、足軽《あしがる》の上、士分《しぶん》の下）の家は、兄弟が多かったりすると、生活するだけでも苦しいのです。

したがって、このクラスの人たちは、学費の要らない学校に入るしかありません。その結果として、優秀な人たちの多くが陸海軍の学校に入る、という現象が起きたのです。

しかも、軍の学校を出れば、職の心配が要《い》りません。先述した猪山家の当主・成之《なりゆき》は海軍に出仕しましたが、明治七年（一八七四）の海軍省出納課長としての年収は千二百三十五円。現在の貨幣価値に換算すると、約三千七百万円です。

まずまずの武士だった家でも現代の感覚で年金三百万円ぐらいですから、それより少ない人たちは、今の感覚でいえばやっていけるはずがありません。そうした人たちが必死に、年収三千万円以上を目指し、陸海軍の将校になりたがったのは無理もないでしょう。

とはいえ、頭がよくて、軍の学校に進学できる子がいない家は大変でした。明治五年の夏、金沢の犀川《さいがわ》のほとりには、トウモロコシやどじょうを焼いて売る士族が現われ、商売に手を染める士族もいました。商いが恥ずかしいからなのか、看板も出さず、親戚うちだけで呉服屋《ごふくや》を始めた人は、一年で廃業しています。

「士族の商法」をからかう落語がありますが、実際にそうしたことが起きていたのです。

このように、個々のレベルでは貧困の問題が生じているものの、全人口の五パーセントほどの士族たちが、何の仕事もしていないのに禄をもらい、それが国家歳出の四割程度を占めていました。

先ほど述べましたが、士族が税金で無駄飯を食うのをどうにかしないと、殖産興業などに投じる資金の確保は厳しかったのです。

そこで、政府は士族の家禄を、まずは売買可能である利子付き公債《こうさい》に置き換えました（秩禄《ちつろく》公債）。これが、明治九年（一八七六）の秩禄処分（秩禄支給全廃）に繋がります。

近代化のためには「人件費の合理化」が必要であり、秩禄公債はその端緒《たんしょ》を開いたといえるでしょう。「武士の特権」に踏み込むという点では、秩禄公債の発行は忘れてはならないものです。

帰国した使節団、そして西南戦争へ

明治六年に岩倉使節団が帰ってきたとき、留守政府は開明的な政策をいくつも実行に移していました。

岩倉具視、大久保利通、木戸孝允は、自分たちがいない間に近代化への政策が急速に進んでいたことに困惑したはずです。

大久保は「何とかして主導権を取り返さなければいけない」と危機感を持ちました。そこに、留守政府の参議だった西郷隆盛や板垣退助らと、「征韓論《せいかんろん》」をめぐる争いが生じたのです。

今日《こんにち》、「西郷は征韓論者か。使節を遣《つか》わすだけのつもりではなかったか」ともいわれています。朝鮮と戦争になっても仕方がない、という考えはあったと私は捉《とら》えています。

朝鮮への出兵に関して、西郷は、土佐の板垣退助や薩摩の伊地知正治《いじちまさはる》と、次のようなことを話しています。

「豊臣秀吉の朝鮮出兵では、釜山《プサン》から北上していき、王が北へ逃げた。大陸と繫がっている土地だから、北へ撤退されたら、敗れてしまう。だから、北へ逃がさないように北から攻めて制圧すべきだ」と西郷たちが言うと、「釜山辺りに上陸して軍を引きつけてから、西側から上陸してソウルを取り囲み、戦いを進めるべきだ」と板垣は答えています（諸星秀俊「明治六年『征韓論』における軍事構想」『軍事史学』45－1）。

板垣が言った作戦はまさに、昭和二十五年（一九五〇）に始まった朝鮮戦争のときに、国連軍が行なった作戦と同じです。

「征韓論」に対して、大久保たちは「内治が優先だ」と主張して反対、西郷たちが下野《げや》するにいたりました。これが、「明治六年の政変」と呼ばれる事件です。

ところが、翌明治七年になって、大久保が急に台湾出兵を言い出します。これは、台湾に漂着した琉球《りゅうきゅう》（沖縄）の島民が殺害されたのを理由に、征討軍を派遣しようというもので、最終的に清《しん》国が償金を出して決着しましたが、要は士族の不満対策でした。

徴兵令、地租改正等々、士族が「武士の特権」を喪失《そうしつ》していく中で、政府に対する反発が強まっていました。その矛先《ほこさき》をそらすために、大久保は台湾への出兵を持ち出したのです。このとき、「征韓論では内治優先と言ったではないか」と怒った木戸孝允が下野しています。

長州閥の大物が去ってしまうと、さすがに政府の運営が厳しくなります。そこで大久保は大阪で会議を開き、木戸の持論である「議会政治を制度化し、法律に基づく体制」をつくってもよいと約束して、政府に戻ってもらいました。

それでも、士族の不満は溜まる一方であり、やがて、明治十年（一八七七）の西南戦争へと繋がっていきます。

大久保や岩倉は猜疑心《さいぎしん》が強く、几帳面《きちょうめん》な性格でもあったため、下野して鹿児島へ帰った西郷の監視を続けていました。

これに関して、有名な話があります。「西郷をシサツしてこい」と政府の要人が言ったのを知った私学校（西郷隆盛が鹿児島に建てた学校）の生徒たちは、「シサツ」を「視察」でなく「刺殺」と解して、「西郷が暗殺されるのではないか」と警戒したという話です。互いに不信感を持っていただけに、両者の間で、いつ戦いが勃発《ぼっぱつ》してもおかしくない状況でした。

政府側は、西郷が起《た》ち上がっても九州の士族が参加しないように、岩倉が旧藩主を通じて士族たちを説得するなど、「西郷包囲策」の手を打っています。それらが功《こう》を奏《そう》し、西南戦争は短期間で鎮圧されました。

伊藤博文が方向転換した裏事情

戦《いくさ》に勝てば、勝者の権威は高まります。西南戦争の後は、内務省〈明治六年〈一八七三〉に新設〉を率いる大久保利通の力が極めて強くなりました。

しかし明治十一年（一八七八）、大久保は暗殺されてしまいます。木戸孝允も明治十年に病死していますので、わずか二年の間に、薩長の有力者が相次いで姿を消したことになります。

それは「次の時代」が始まったことを意味しますが、薩摩は軍に強い影響力を有する黒田清隆《きよたか》や、財政に強い松方正義《まつかたまさよし》らがいて、薩摩閥は、依然として力を持っていました。

これに対して、長州の伊藤博文、井上馨《かおる》、佐賀の大隈重信たちが、主導権を取ろうと動き出します。

その〝材料〟が議会です。彼らは、「近代国家にするのなら、議会をつくらなければいけない」と言い始めました。イギリスに留学したことがある井上は、「イギリス流の議院内閣制をやってもいい」と主張します。伊藤、井上、大隈たちは、福沢諭吉や国民に人気のある人たちを集めて政党をつくろうとしました。

議会で多数派を形成する政党の党首が総理大臣になる、という政党政治のあり方に、薩摩閥の人たちは興味を示しませんでしたが、長州閥の伊藤や井上、肥前（佐賀）閥の大隈は「自分たちなら、多数派の政党をつくれそうだ」と思ったのでしょう。

このとき、伊藤が途中で方向を転換したと、近年の研究で指摘されています。

明治十四年（一八八一）に、「開拓使《かいたくし》官有物《かんゆうぶつ》払下《はらいさ》げ事件」が持ち上がりました。議会開設に前向きではない藩閥政府が、自分たちの仲間に北海道の優良な官有物を破格の安価で払い下げたとして、新聞で攻撃されたのです。

開拓を指揮していた黒田清隆たちの勢力が弱まったのを好機として、大隈たちはイギリスモデルの憲法制定と議会の開設を急ぎました。

一方、政治的直感力の鋭い伊藤は、「大隈と福沢が裏で手を結び、自分までも追い落とす陰謀《いんぼう》を企《くわだ》てているのではないか」と疑い、彼らを出し抜こうとします。そこで脳裏に浮

■明治14年の政変とは

明治14年(1881)7月　開拓使官有物払下げ事件

10月11～12日　明治14年の政変
大隈を除く御前会議にて、以下を決定
①開拓使官有物払下げの中止
②参議大隈重信の罷免
③国会開設の勅諭

かんだのは、熊本藩出身の井上毅という若い官僚の意見でした。

「イギリスの議会制度は危ない。天皇の大権を民衆に投げ捨てるようなものです。より君主の権限を強めたドイツ式でいかなければ駄目です」

「天皇の大権」と言いつつ、その本質は「薩長土肥の特権」なのですが、伊藤は、井上毅の主張するドイツ式を唱えるようになり、福沢には多くの密偵《みってい》をつけて言動を監視し、大隈を政府から追い出します。

これは「明治十四年の政変」と呼ばれますが、主導権を握った伊藤は、前に触れたようにヨーロッパに留学しました。自分が主導権を握りたいがために、外国へ留学して国を空けることを、大久保利通、岩倉具視同様に繰り返したのです。

そのような裏事情があったとはいえ、内閣制度や憲法の制定で、伊藤博文は八面六臂《はちめんろっぴ》の活躍をしたとされます。

そうして出来上がった明治十八年（一八八五）の政治制度は、薩長土肥の藩閥が「天皇の任命」という形をとって首相の座をまわす、というものでした。

予算を決める権限は議会が持っても、その声は参考程度にしか聞かず、決定権は首相ら政府にありました。実質的な権力は、薩長土肥の維新の功臣《こうしん》たちのものとなったのです。

選挙ではなく、藩閥の人々が特権を持ち、天皇を後ろ盾《だて》に権力をふるう体制――この形で、明治政府は安定期に入ります。

ここにいたり、徳川の弱体化以降、長年続いてきた「誰が日本の主導権を握るか」という争いに、一応の終止符が打たれたといえます。

しかし、その安定も長くは続きませんでした。

大日本帝国憲法では、天皇が陸海軍の大元帥《だいげんすい》と定められています。それによって、陸海軍大臣が帷幄上奏権《いあくじょうそうけん》（内閣を通さず直接、天皇に上奏する権利）を持つようになりました。

当時の軍は「天皇の軍隊」です。内閣や政府の軍ではありません。

つまり、議会や内閣の意向とは別に、軍が直接、天皇に話して軍を動かせるのです。軍については議会はもちろん、内閣も口出しできなくなりかねません。それは弱い議会、強い帝権と相まって、軍が暴走しやすい構造をつくっていきました。

それでも、維新の元勲《げんくん》といわれる人たちが生きている間は、まだブレーキが利《き》いていて「国家の大事故」にはなりませんでした。

最後の元老、西園寺公望《さいおんじきんもち》が死んだ翌年の昭和十六年（一九四一）、日本はアメリカとの開戦に突き進み、昭和二十年（一九四五）の敗戦を迎えるのです。

第五章

家康から考える「日本人というもの」

「物くさ太郎」と下剋上《げこくじょう》、そして「家意識」

最後に、本章では、この国の人々の「心のうち」に分けいってみたいと思います。徳川家康がつくった「仕組み」は日本の庶民の心のうちにまで影響しています。実際のところ、人間の歴史は脳内にある、「信じ込んでいるもの」「信じ込まされているもの」で動いていきます。ですから思想や宗教の分析が、歴史の真相に迫るには大事になるのです。法律や制度・契約も人間の「造り事」「約束事」ですから、実は思想や宗教倫理に近いものです。

まずは家康の祖先が歴史上に登場した時代を振り返りましょう。

――中世

という時代の話から始めます。将軍の政権ができた鎌倉時代から語りおこします。司法の担《にな》い手である「法曹《ほっそう》」（現在は「ほうそう」と読む）という言葉が、鎌倉武士の間でよく使われるようになりました。古代は朝廷の裁判所が、武家政権が誕生してからは幕府の裁判所が、揉《も》め事や違法行為を裁きました。それで鎌倉幕府には「法曹官僚」がいたのです。

しかし、鎌倉幕府滅亡後の南北朝の動乱期以降、朝廷と幕府、どちらの裁判（裁定）も、うまく機能しなくなります。「裁判所の機能しない世の中」「判決が下りても強制執行が利《き》かない日本」が出現したのです。

こうなると暴力の世界です。「法があって無きが如《ごと》し」「力が正義」です。村には村の親分、町には町の親分、郷《ごう》には郷の親分が現われました。彼らは「豪族《ごうぞく》」です。中世の地元の有力者を、「在地領主」とか「国衆《くにしゅう》」「国人《こくじん》」と、歴史学者はいいます。現代風にいえば「軍閥《ぐんばつ》」が、争い事の仲裁を担うようになるのです。彼らが、近所の境目争いの裁定を始めました。この仲裁裁判は「近所の儀《ぎ》」と呼ばれます（藤木久志《ひさし》『豊臣平和令と戦国社会』東京大学出版会、『戦国の作法　村の紛争解決』講談社学術文庫）。

この群雄割拠《ぐんゆうかっきょ》の時代において、彼らは自分たちの「氏素姓《うじすじょう》」も拠《よ》りどころにしました。

では、彼らのいう「氏素姓」とは何でしょうか。

家系の位置づけを表わす氏《うじ》、天皇から与えられた「源《みなもと》」「平《たいら》」「藤原」「橘《たちばな》」などの姓《かばね》、これらを合わせたものが氏素姓です。

要するに、天照大神《あまてらすおおみかみ》の子孫が婿《むこ》養子を取ることなく、一代も欠かさずに直系が続いている天皇（皇室）との繫《つな》がりで、氏素姓は語られます。

氏素姓や官位など、天皇との繫がりで支配の正当性を主張する意識が、「暴力の中世」になってかえって根強くなったのです。そのため、面白い現象が起こりました。皆が、天皇が与える官職名を勝手に名乗ったのです。

太郎や次郎は官職名ではありませんが、太兵衛《たへえ》は官職名です。「兵衛府《ひょうえふ》」の一員を思わせる名乗りです。次右衛門《じえもん》も官職名です。「衛門府《えもんふ》」のメンバーだと、におわせています。

戦国時代になると、もっとすごいです。たとえば、宮本武蔵《むさし》です。これは宮本「武蔵《むさしの》守《かみ》」とか「武蔵介《むさしのすけ》」と言いたいのでしょう。もちろん彼は朝廷に無断で勝手に名乗っています。武蔵守といえば鎌倉幕府の執権《しっけん》・北条泰時《やすとき》や、室町幕府を開いた足利尊氏《あしかがたかうじ》が朝廷からもらっていた官職です。宮本武蔵はこれを名乗るのですから、なかなかずうずうしい話です。

何が言いたいかというと、日本人は中世の混乱期以降、庶民までが朝廷官職名を勝手に名乗るようになっていた点に着目したいのです。日本人の名前については、紀田順一郎《きだじゅんいちろう》『名前の日本史』（文春新書）という通史があります。

「百姓」は古くは「ひゃくせい」、のちには「ひゃくしょう」と発音しました。分解すれば、百の姓《かばね》です。初めは、たった一人の「帝《みかど》」（天皇）に対する「万民」の意味で使われました。百姓《ひやくせい》といえば、天皇の下にいる幾万の一族集団という意味なのです。古墳を造るような力のある豪族など、天皇の臣下も「百姓」に含まれていました。原則的には、姓（せい・かばね）は、帝が臣下に授《さず》けて名乗るのを許すものだったのです。

余談ですが、日本では、帝は姓を与えるだけで、自分には姓がありません。大陸と違い、帝は「帝姓」を持たないのです。なぜだかは、わかりません。大陸の「中華」帝国と外交をするときは、姓がないのできっと説明に困ったことでしょう。『隋書《ずいしよ》』に「倭王《わおう》、姓は阿毎《あめ》」とありますから、日本の皇室は対外的には、アメとかアマとか、それに似た発音で姓を名乗ったのでしょう。アマテラスの「天」のことでしょうか。無理にいえば、日本の天皇の姓は「阿毎」です。

『日本書紀』では、百姓は「おおみたから」と、訓《よ》んできました。万民はすべて天皇の大事な宝物、要するに所有物という意味でもあります。日本の国土も国民も、みんな天皇のもの、というのは、教科書の用語では「公地公民」ですが、思想史の用語ではこの考えを「王土王民《おうどおうみん》」思想と呼んでいます（村井章介《しようすけ》「王土王民思想と9世紀の転換」『思想』847）。

ところが、天皇に身柄を所有されたはずの国民も、一筋縄ではいきません。自分たちは天皇の所有物ではなく、天皇の末裔《まつえい》であるという思想を抱《いだ》き始めるのです。現代でも、この思想を見ることがあります。私は歴史学者ですから、「うちは清和《せいわ》源氏なんです」と系図を見せられる場面に、よく出くわします。

これが「王孫《おうそん》思想」です。「百姓は王孫（王の子孫）だから、天皇の所有する王土を利用し高い地位を得る権利を持つ」といった思想が、室町時代には強くなっていきました。民衆が「自分たちは氏素姓を持つ、天皇の子孫だ」と思い込み、それゆえに「いつかは出世するかもしれない」、あるいは「これから高く伸び上がることもある」という思想です。

この「より高いステータスを欲する姿勢」が、下剋上《げこくじょう》を支えました。

『御伽草子《おとぎぞうし》』は室町時代頃から、民が願望を込めて語り継いできた物語です。江戸期に刊行されました。その中に、有名な「一寸法師《いっすんぼうし》」があります。「体が小さくて差別される立場にあった者が、最後は富と地位を獲得する」というストーリーで、下剋上そのものです。佐竹昭広《さたけあきひろ》『下剋上の文学』（ちくま学芸文庫）で研究されています。

注目すべき点は、一寸法師が「都に上る」上洛《じょうらく》が成功へのきっかけになっているところです。身分が低く、差別を受ける鄙《ひな》の人々も、天皇のいる都に行くことで、高貴な氏素姓が明らかになる――。そうした考えが、物語の底流に流れていました。

これを本当にやってしまったのが、豊臣秀吉でしょう。鄙に生まれた小柄な秀吉は最後には都に上って、関白《かんぱく》になってしまいました。秀吉は大村由己《ゆうこ》というイエスマンの伝記作者を抱えており、『関白任官記』という書物を書かせています（桑田忠親《くわたただちか》『太閤記《たいこうき》の研究』徳間書店）。

祖父は「萩中納言《はぎちゅうなごん》（ただし実在しない）」だとか、自分が天皇の御落胤《ごらくいん》であるとにおわせるような好き勝手な情報を流しています。しかし、これを読めば読むほど、『御伽草子』の成功話に似ているのです。

『御伽草子』に収載された物語の中で、私が下剋上の〝チャンピオン〟として位置づけているのが、貴種流離譚《きしゅりゅうりたん》の一つである「物くさ太郎」です。

信濃《しなの》国のあるところに、まったく働かない、物くさ太郎という男がいて、粗末な小屋に住んで、三年寝太郎《ねたろう》のように寝てばかりいたが、村の人たちがお金を出しあい、彼を都に送った。都に着いた物くさ太郎は、清水寺《きよみずでら》の門前で辻取《つじど》り（路上で女性をさらい、妻にすること）をする。見目麗《みめうるわ》しい女房《にょうぼう》（身分の高い女性のことで、現代語に訳せば「お嬢様」といっていいでしょう）の侍従局《じじゅうのつぼね》を見初《みそ》め、ボロを着た物くさ太郎は、大手を広げて「俺の妻になれ」と迫った。逃れようとして侍従局が和歌を詠《よ》んで謎をかけると、物くさ太郎はそれに応え、さらに詠む和歌も見事で、侍従局を妻とする。侍従局は、あかまみれの物くさ太郎を風呂に入れて磨き上げ、烏帽子《えぼし》をかぶせ、直垂《ひたたれ》を着せたら、あらまあ美男子に。よくよく話を聞いてみると、物くさ太郎が深草《ふかくさ》の帝の末裔だったことがわかり、信濃の中将に任じられ、甲斐《かい》・信濃両国を賜《たまわ》った。物くさ太郎は百二十歳まで生き、子々孫々繁栄した――。

これが「物くさ太郎」のおおまかな内容ですが、「都で王孫であることが明らかになって出世する」という氏素姓による下剋上のストーリーに加えて、「子孫が繁栄した」という点も重要です。それが、「自分の家系が豊かに続いてほしい」という民の願望を物語っているからです。

家系に箔《はく》をつける装置として、天照大神や天皇に繋がる貴種が求められたのですが、それだけで終わらず、「長く豊かに続きたい」と願う。これが、室町時代以降、自分の「家（イエ）」を自覚し始めた日本列島の民の「軸となる思想」でした。

この「家を永続させたい」という願いに乗って人々の間に浸透してきたのが、「先祖を祭祀《さいし》するための仏教」です。元来はなかった先祖の位牌《いはい》なるものを取り入れて、先祖祭祀を支える宗教になります。浄土真宗《じょうどしんしゅう》は阿弥陀仏《あみだぶつ》を信仰しますから、他宗派よりは先祖崇拝《すうはい》から幾分か距離を置いていますが、実際、日本仏教では「先祖供養《くよう》」という形での先祖信仰が見られます。仏壇が先祖崇拝の場です。肉親が亡くなったときに、戒名《かいみょう》をつけて先祖として祀《まつ》る戒名料で大きな収益を得ることから、しばしば日本仏教は「葬式仏教」と揶揄《やゆ》されます。しかも、高い身分の武士の戒名は院居士《いんこじ》や居士、低い身分の武士や民には信士《しんし》をつけ、死後もランクづけを行ないました。時津裕子《ときつゆうこ》「近世墓にみる階層性―筑前秋月《ちくぜんあきづき》城下の事例から―」（『日本考古学』9）によれば、大名・藩士が墓でも序列をつけられる社会とわかります。

お釈迦《しゃか》様に見つかったら、お坊さんは怒られそうです。もらったお金の多寡《たか》で、死後の名前にわざわざ永久の差別をつけたのですから。これは釈迦の教えではありません。

南北朝時代から室町時代にかけて、日本人の間に生まれた「自分の家系はすごい」「家は続けるべきで、絶やしてはいけない」というメンタリティを、「家意識」と私は呼んでいます。戦国末期には、この「家意識」が上から下へと人々に浸透しました。人々は下剋上の意識も持つようになっていきます。こうしたことが肯定的に受け止められたからこそ、「一寸法師」や「物くさ太郎」などの物語は語り継がれたのでしょう。

民の意識を「下剋上」から「安定」志向へ

徳川家康は「家意識が拡がる時代」の中で、政権の仕組みをつくりました。三代将軍・家光《いえみつ》以後の徳川政権も、「百姓までの家の成立」の中で、「徳川家が尊崇《そんすう》され、支配が長く続く構造」をつくり上げていきます。

民が持つ意識や信仰、思想のベクトルに沿った方向性でなければ、安定した支配体制を維持できません。そのために考えられた仕掛けの一つが、自らの「神格化」です。家や政権の初代を神様として祀って、永久にその家や政権が続いていく拠《よ》りどころにする仕掛けが必要と考えたのです。

豊臣秀吉も、権威に弱い日本の民の性質をよく理解していました。秀吉はなんと自分が神様になろうとしました。

秀吉に、織田信長の影響があったかどうかはわかりません。ただ、内藤昌《ないとうあきら》氏の『復元安土城《あづち》』（講談社学術文庫）に示された安土城の復元図を見ると、天主（安土城の場合は「天守」ではなく「天主」と書きます）の中に大きな吹き抜けがあり、天主はキリスト教会のドームのような構造です。ドームの真ん中には、多宝塔《たほうとう》が設置されており、その上に橋がかけられていて、塔の軸の中心に人が立てるようになっています。私はこの復元図を見たとき、信長が宇宙の中心に立つ自分を考え、多宝塔の上の中心軸に一人で立つ姿を想像しました。

また、イエズス会の宣教師たちが、信長は自己神格化しようとして、摠見寺《そうけんじ》にご神体の石を置いて拝ませたことを記しています。この記述については最近、浅見雅一《あさみまさかず》『キリシタン教会と本能寺の変』（角川新書）が、ルイス・フロイスの報告「信長の死について」を新たに翻訳しています。

ただし、日本側の史料には、信長がどこまで自己を神格化したかは、はっきりと示されていません。そのため信長が自分を神格化しようとしたかどうかは賛否両論あり、いまだに論争中です。

とはいえ、信長の影響から、秀吉が自分を神様にしようとした可能性は考えておいてよいでしょう。

では、どうやって神になるのか。

日本では、霊的な効力（超自然的な力）を正当化するために、天皇が神号《しんごう》と位階《いかい》を授けることで、公《おおやけ》に認められた神になります。

秀吉は農民に近い出自から下剋上でのし上がった人だけあって、押しが強く、「真軍《しんぐん》神《しん》」を意味する「正八幡《しょうはちまん》」と訳される神号を天皇に求めました（ジャン・クラッセ『日本西教史』）。河内国《かわち》の誉田山《こんだやま》は応神《おうじん》天皇陵ですが、八幡という神様は応神天皇のことです。「俺が死んだら真の八幡にしろ」と天皇に要求するのは、「正しい応神天皇として、俺を祀れ」と言っているようなものでした。秀吉が「正（真）八幡」であれば、応神天皇は「偽《にせ》八幡」か「従《じゅ》八幡」になってしまいます。

また別の史料には「正」ではなく「新」を八幡の上につけた神号をもらおうとしたとあります。これだと「新しい応神天皇」ということになります。これもやはり、天皇ではない秀吉に与えることはできません。秀吉の無茶な要求に、ときの後陽成《ごようぜい》天皇はのけぞったのではないでしょうか。秀吉は楽天家だけに、自分は「正八幡」か「新八幡」になれると信じて死んだはずです。

戦国大名・伊達政宗《だてまさむね》の従兄弟《いとこ》の記録『伊達成実《しげざね》記』には、「秀吉公は新八幡と祀るようにご遺言されたが、天皇のお許しがなかったので、豊国《とよくに》の明神《みょうじん》として祀りました」とあります。結局、秀吉に与えられた神号は「豊国大明神」で、希望通りにはなりませんでした。金山、銀山を開発し、全国で新田開発を進めるなど、秀吉は国も天皇も豊かにしました。だから、「豊国」とつけられたのです。

豊臣秀吉の自己神格化への執念をつぶさに見ていたのが、徳川家康でした。家康も徳川家を永続的に維持し、長く政権を続けるためには、「支配を正当化する道具立てとして、神格化が必要だ」と考えるようになったと思われます。

近年、この家康の神格化の過程を研究されたのは曽根原《そねはら》理《さとし》氏です。曽根原氏は家康が各宗派の僧侶を招いて、仏教の討論会をした点に注目しています（『神君家康の誕生―東照宮と権現様』吉川弘文館）。

慶長《けいちょう》十九年（一六一四）六月六日の討論では、「君臣《くんしん》の相は同一生か多生《たしょう》か」というテーマを検討するよう、家康は僧侶たちに注文しました。私は、これは重要だと思っています。簡単にいえば、「君主と家来は一回限りのものか、生まれ変わっても、またか」ということです。

拙著『徳川家康　弱者の戦略』の中でも、生まれ変わって太陽のように何度でも出てくる、というのが家康の世界観だと書きましたが、自分が生まれ変わって出てきたとき、徳川将軍家の家来も生まれ変わって、自分の家来になれるかどうか？　家康は訊《き》いてみたかったのでしょう。

家康にとって都合のよい答えは「君臣の相は多生」という結論です。「君臣の相は多生」であれば、「主従関係が後生《ごしょう》でも繰り返される社会」をもたらすからです。家康とその周りの人たちは「再生し、縁を結ぶ」固定的関係を見ていたと、私は考えています。それは、停滞と安定をもたらすものです。「のし上がろう」という願望は上向きの直線的な上昇志向です。一方、家康が考えたのは、円のように同じ場所で循環する安定した関係でした。

家康は実利実際の人ですが、妙に哲学的なところもあります。家康は晩年、天台宗《てんだいしゅう》の僧・天海《てんかい》らをブレーンとし、思想・宗教面からも「徳川の天下長久《ちょうきゅう》」の仕掛けを考えていました。

天下を獲った家康たちの課題は下剋上ゲームの終了を宣言して、徳川の勝ち逃げを確実にすることでした。下剋上を続けそうな日本中の人たちの「身上がり（身分上昇）」志向を、いかに抑えるかでした。この「身上がり」の願望については、深谷克己『江戸時代の身分願望　身上《みあが》りと上下《うえした》無し』（吉川弘文館）が参考になります。

秀吉のような人が再び現われては困るわけです。そもそも徳川家自体、下剋上でのし上がった家でした。

前述した「物くさ太郎」では、血統と和歌の知識が、貴族の象徴で、身分上昇の鍵でした。この話も、どこか家康の先祖の徳阿弥《とくあみ》を思わせます。松平《まつだいら》の始祖は時宗《じしゅう》の僧・徳阿弥です。徳阿弥は連歌を書き取る執筆ができたことがきっかけで、三河《みかわ》の山奥の松平太郎左衛門家の婿になりました。家康はこの徳阿弥の末裔にすぎません。のちに清和源氏である新田義貞《にったよしさだ》の子孫を名乗って、将軍の位に就《つ》いているのは、氏素姓による下剋上そのものです。「他の者に同じことをやられたら……」と心配するのは、無理もありません。

そこで徳川は上昇志向をやめさせます。「今と同じ地位でいい」と、安定や永続の思考を歓迎しました。天下を獲った徳川政権の安定にはそのほうが都合がよいのです。

つまり、代々「大名は大名に」「家老は家老に」「大庄屋《だいしょうや》は大庄屋に」なるのがいい、そういう考え方です。「忠義を尽くせ。分《ぶん》を守れ」という教えで、室町時代から続く、下剋上の世を落ち着かせたのが、徳川時代でした。

これは成功したといっていいでしょう。たとえば、農民の家には、しばしば公儀名(代々の家の通称)があります。「勘兵衛《かんべえ》」だったら、代々、同じこの勘兵衛を襲名していくわけです。反復し、個人が先祖と同じように、リ・プリント（コピー複写）されていく循環安定社会です。

江戸時代における「永続する家」の形が現代にも続いている典型が、古典芸能における襲名制でしょう。歌舞伎《かぶき》の市川團十郎《だんじゅうろう》が死んでも、二代目、三代目の市川團十郎が現われて、同じ演目を演じます。落語なども同じですが、襲名というスタイルが定着して、今日《こんにち》に至っているのです。

しかし、この世襲と反復のコピー社会こそが「徳川封建社会の停滞」として、明治以後、批判されることになりました。

ただ、前近代の徳川社会では、生き方の型（パターン）が世襲制で決まっていて、生まれたときから役割と序列が与えられています。自分で考えなくていいので、気楽で安心な社会でもあります。一方、近代社会では、個人が自分で考え、競争を勝ち抜いて、自分の居場所をつくらなくてはいけません。能力のある人にはいいでしょうが、たいていの個人にとっては厳しく、つらいものです。松沢裕作『生きづらい明治社会　不安と競争の時代』（岩波ジュニア新書）は、そうした明治時代の厳しさを的確に指摘しています。

徳川社会は「皆婚《かいこん》社会」ともいわれます。十七世紀後半からの徳川の「近世」は八、九割が結婚していました。徳川時代の結婚と離婚については、黒須里美《くろすさとみ》『歴史人口学からみた結婚・離婚・再婚』（麗澤大学出版会）が参考になるでしょう。

男性についていえば、中世と現代は似ている点があります。中世も現代も、高所得の男性は多くが結婚する一方、低所得の男性は結婚（有配偶《ゆうはいぐう》）率が著しく下がる社会です。十七世紀には大農民に従属する男たちは結婚率が低かったのです（速水融《はやみあきら》『近世農村の歴史人口学的研究―信州諏訪《すわ》地方の宗門改帳《しゅうもんあらためちょう》分析』東洋経済新報社、『江戸の農民生活史　宗門改帳にみる濃尾《のうび》の一農村』NHKブックス）。

徳川時代の安定の背景には、庶民までが家・家族を持てた点があった気がしてなりません。親や主君から、つまり、上から身分という役割と序列が与えられ、その「身」の「分」を守っている限り、人並みの生活も、老後の安定も与えられたのです。

将軍を天皇よりスゴイ存在にするために

徳川家康が死ぬと、遺言通り、その日のうちに駿河《するが》国の久能山《くのうざん》へ移され、遺体の神様扱いが始まりました。家康は「久能山に葬《ほうむ》ったあと、日光に改葬《かいそう》せよ」と遺言しましたから、それに従って、家康の御魂《みたま》は下野《しもつけ》国の日光へ移され、東照宮《とうしょうぐう》が建立《こんりゅう》されました。

日光東照宮は江戸城の真北に位置し「北の鎮守《ちんじゅ》」になっているといわれますが、正確には違います。

家康の遺体が安置された日光の奥の院から地図上に真南に線を引いてみましょう。江戸城なんかに線は行き着きません。日光東照宮（奥の院）の真南は、武蔵国では現在のJR中央線・西荻窪《にしおぎくぼ》駅の西あたりになります。さらに南下すると、相模《さがみ》国では横浜の保土ケ谷《ほどがや》にある横浜国立大学の近くあたりに行き着きます。したがって、江戸城を北側から守るにしては、随分はずれた位置に日光はあります。

では、なぜ改葬地が日光だったのか。私は、富士山を挟むためだという見方を重視します。久能山と日光東照宮の奥の院を結ぶ線は、富士山の山頂部を通るのです。

西に沈んだ太陽が東から昇るように、久能山に沈んだ太陽は、不死の山（富士山）を挟んで北東に位置する日光から、再び東を照らしながら昇ってくる。そうした構図が考えられたのではないでしょうか。すでに、高藤晴俊《たかふじはるとし》『家康公と全国の東照宮―泰平と激動の時代を結ぶ東照宮めぐり』（東京美術）等に、この指摘があります。

家康の辞世《じせい》の句とされるものに、「嬉《うれ》しやと　再び覚めて　一眠《ひとねむ》り　浮世の夢は　暁《あかつき》の空」（『東照宮御実紀《ごじつき》』）があります。家康は死の床《とこ》についたとき、死ぬとは言わず、「一回寝て、東から太陽が昇るように、もう一回目覚める夢を見ている」と言っています。暁とは朝の空です。つまり、西の久能山で眠りにつき、東の日光から、朝焼けの太陽のように目覚めてもう一回出てくる、と言わんばかりです。

この富士山を「挟む」思想が何を基にしているか、当時の人なら、すぐわかります。『聖徳太子伝暦《しょうとくたいしでんりゃく》』に書かれている、「太子が甲斐の烏駒《くろこま》に乗って、富士山を割るように飛び越えた」という話です。また、聖徳太子信仰の一つに、「聖徳太子と諸国の諸者が、太子が日本一高い山に上ったことで取り結ばれた」というものもあります。家康や天海の意図は断定できませんが、日光東照宮と久能山が富士山を挟むことによって、聖徳太子と同じように、日本全土を統《す》べるイメージを主張しているのかもしれません。

豊臣秀吉と違い、徳川家康は希望通りに「東照大権現《だいごんげん》」という神号を授けられました。しかし、この「東照」の名称は、微妙に皇祖神《こうそしん》の天照大神とかぶります。

天照大神の信仰にかぶらせることで、どんなメリットがあるのでしょうか。その答えは「太陽」です。

日本の民衆が書いた政治意見書を見ていると、「権力者はお天道《てんとう》様のように贔屓偏頗《ひいきへんぱ》なく、慈悲をもってみんなを平等に照らす」といった表現がたくさん出てきます。つまり、

「満遍（まんべん）なく大地を照らして、恵みを与える太陽だから、権力者は人の上に立てる」という考えです。

「天道」なるもので世界を考える思想を、研究者は「天道思想」と呼び、多くの研究があります。この思想では、天道にかなった行動を取ったから、秀吉・家康や諸大名が天下人や国主になれたと理解されます。その子孫の将軍や大名は先祖の「余慶《よけい》」で民を支配する正当性があり、感謝して従うのが、民の道とされたのです（石田一良《いちろう》「前期幕藩体制のイデオロギーと朱子学派の思想」『日本思想大系28　藤原惺窩《せいか》　林羅山《らざん》』岩波書店）。しかし、いかに天道によって支配者になった神君や大名の子孫でも、民にひどいことをすると、天道にかなわず天罰で滅ぶと考えます（『心学五倫書《しんがくごりんしょ》』）。

江戸前期の民の言葉は語彙《ごい》が限られていて、「忠」「義」はわかるでしょうが、「公」とか「愛」とか、目に見えない抽象概念は、なかなか理解が難しかったと思います。明確にわかるのは、神や仏ぐらいです（もっともその理解は、神様なら社《やしろ》を、仏様なら仏像を拝んでいたから認識できただけですが）。

民は自分たちの上に立つ権力者を、あまねく大地を照らして、恵みを与えてくれる太陽に重ねることで理解していたのです。その点からすれば、自分を太陽に見立てるのは効果的な「演出」だったといえるでしょう。

ここで家康とそのブレーンや子孫たちが賢いのは、「天照大権現」になろうとしなかったことです。秀吉と違って、天皇に無理な神号を要求していません。「天照」や「日照」だと、皇祖神の天照大神を侵害しかねません。だから、家康はお得意の「棲《す》み分け」戦術で、東側を担当する「東照」として、「天照」とは違うという姿勢を示したと思われます。

東から太陽が昇ることもあって、伊勢神宮は「うまし国」である畿内の東側の伊勢に置かれました。さらに東国の日光なら問題なし、と考えたのかもしれません。家康の太陽神へのなぞらえを、徳川が「東国ご当地版」にしているのは政治的に見事です。

ただ、野村玄《のむらげん》氏などの研究で、最近少しずつ明らかになっているのが、東照大権現を天照大神に重ね合わせるような言動が、三代将軍・家光と側近たちの間で見られるようなのです（『徳川家康の神格化　新たな遺言の発見』平凡社）。

そのうえ東照宮には、伊勢神宮と重なる道具類が奉納されていきます。

伊勢神宮の御神宝《ごしんぽう》に「玉纏御太刀《たままきのおんたち》（玉纏太刀、玉纏横刀《たち》とも）」がありますが、鳥取東照宮（因幡《いなば》東照宮）にも同じような拵《こしら》えの太刀が社宝とされています。

鳥取東照宮は、家康の外曾孫《がいそうそん》で鳥取藩初代藩主の池田光仲《みつなか》が慶安《けいあん》三年（一六五〇）に日光東照宮の分霊として建立したもので、伊勢神宮の御神宝の外装を写した玉纏太刀拵を奉納しています（「とっとり文化財ナビ」HP）。

東照宮と玉纏御太刀は学術的にあまり論じられていませんが、徳川が伊勢神宮（天照大神）に似せて、日光（東照大権現）として振る舞っていく戦略があったのでしょう。東照大権現が天照大神になったかのように見せかけることで、徳川家による支配の正当性を主張したのです。

そのうえ徳川幕府は、天皇が伊勢だけでなく、日光東照宮へも例幣使《れいへいし》（奉幣《ほうへい》のために派遣される勅使《ちょくし》）を遣《つか》わすようにしています。また、東照神君《しんくん》の周年の法事のときは、皇室から関白以下の公家《くげ》までが写経するなど、何らかの形で儀式に参加させていたのは、すでに述べた通りです。

天皇との関わりについては、輪王寺宮《りんのうじのみや》も取り上げておきましょう。

徳川政権は、日光山輪王寺に皇族の親王を門跡《もんぜき》として迎えました。明暦《めいれき》元年（一六五五）、輪王寺宮が創設され、「皇族が東照大権現をお祀りする」という形がつくられたのです。

基本的に、輪王寺宮が比叡山延暦寺《ひえいざんえんりゃくじ》の天台座主《てんだいざす》も兼任します。輪王寺宮は東叡山寛永《とうえいざんかんえい》寺《じ》の貫首《かんじゅ》を兼ねて江戸に住み、「東叡大王」とも呼ばれました。

いわば京都の鬼門《きもん》（北東）を守る比叡山のトップが、江戸にいる形です。「京都は東国の江戸から守られている」わけです。

さらにいえば、幕府は朝廷と戦争になったときに輪王寺宮がいると助かります。西の朝廷と戦争になれば、この東国の宮様を天皇に即位させて、東にもう一つ朝廷をつくることもできます。南北朝ならぬ東西朝です。

荒唐無稽《こうとうむけい》に聞こえるでしょうが、戊辰《ぼしん》戦争のとき、これは実際に噂《うわさ》されました。西洋の新聞には、輪王寺宮だった北白川宮能久親王《きたしらかわのみやよしひさ》が「東武皇帝《とうぶ》」として、東で即位したという説が載ります。外国の新聞の研究も必要でしょう。即位はしていないとの説もあり、川村一彦《かずひこ》『戊辰戦争の群臣』（歴史研究会）が、この議論を整理しています。

ここで、輪王寺宮など「宮門跡《みやもんぜき》」の説明をしておかねばなりません。徳川時代、天皇・皇族の男子は全員が結婚するわけではありません。門跡寺院と呼ばれる格式の高いお寺に入って、僧侶となる制度がありました。天皇・皇族の子孫が京都で増えすぎては、徳川にとって厄介だからです。皇族の男子はなるべく僧侶になってもらい、子どもはつくらせない徳川の策略だと、当時からいわれていました。

家康はブレーンの以心崇伝《いしんすうでん》に諮《はか》って、「禁中《きんちゅう》並《ならびに》公家諸法度《しょはっと》」第六条で「養子は連綿同姓《れんめんどうせい》を」と定めました。皇子が五家ある摂政・関白（摂関）家を継げないようにしたのです（維新史料編纂会編修『維新史　第一巻』吉川弘文館）。天皇の子が摂関家を継ぐと、徳川将軍にはまずいのです。摂関家は前田などの外様《とざま》大名とも縁組をしますから、天皇の外孫の大名が江戸城を闊歩《かっぽ》することになりかねません。

もちろん、宮門跡自体は古くからあります。しかし、皇族があまり多いと、大名の中に、徳川よりも血縁で天皇に近い者が現われやすくもなるのです。皇族の女子も同様で、比丘尼御所《びくにごしょ》に入りました。「近世の皇女の六割は比丘尼御所に入る。皇子に比べれば割合は低い」とされます（久保貴子《たかこ》「近世天皇家の女性たち」『近世の天皇・朝廷研究大会成果報告集』学習院大学人文科学研究所）。

徳川時代、天皇の分家にあたる宮家の創設も抑えられる傾向にありました。「儲君《ちょくん》（天皇の跡継ぎ）の外は皇子・皇女は概《おおむ》ね出家」させ、「親王家は三家（伏見《ふしみ》・有栖川《ありすがわ》・桂《かつら》）以外には立てられず」という制度でした（渋沢栄一『徳川慶喜《よしのぶ》公伝　3』平凡社東洋文庫）。宮家が多いと、徳川が財政的に面倒をみなくてはならなくなります。財政支援面でも、皇族男子を僧侶にするのは、徳川の負担を軽くする狙いもあったでしょう。

　このため、天皇の子孫が地方に簡単には現われにくくなりました。中世以来、この国の民が思い描いてきた「自分たちは鄙に流れてきた貴種の子孫である」「だから出世を願っていい」という、徳川にとって怖い下々《しもじも》の「下剋上への夢」を切断したのです。天皇と繋がる貴種が地方へ流れ出ていき、氏素姓の正統性を主張する者が出現するのを防ぐには、皇族男子を僧侶にするのが一番でした。天皇の子孫が漏《も》れ出す蛇口《じゃぐち》を閉めたわけです。

　現在の感覚でいえば、「皇族に対して何と非礼な」と非難されかねない対応です。しかし、徳川の平和の裏には「皇族への生殖管理」があったのは事実です。これは徳川政権が長く続いた理由のうち、あまり論じられない一面といえます。

　徳川政権は、徳川将軍が天皇よりスゴイ存在だと、民衆にアピールしていたふしがあります。庶民の目に見える形、民衆の耳に聞こえる形で、将軍のすごさを主張する仕掛けや制度を作りました。

　たとえば、天皇や将軍など、貴人・為政者《いせいしゃ》が亡くなったときの弔意《ちょうい》の表し方です。「鳴物停止《なりものちょうじ》」というものが、ありました。要人（ＶＩＰ）が死ぬと、喪《も》に服《ふく》するため、しばらく静かにしていないといけません。「三味線《しゃみせん》を鳴らしてはいけない」「琴《こと》を鳴らしてはいけない」「工事で騒音を出してはいけない」などと、お触《ふ》れが出ます。これが鳴物停止です。問題はその音を立ててはいけない期間の長さで、禁止期間が長ければ長いほど、死んだ要人が偉かったことになります。

『「鳴物停止令」と朝廷』（『近世の天皇・朝廷研究大会成果報告集』学習院大学人文科学研究所）という研究を公にされた中川学《まなぶ》氏によると、寛延《かんえん》三年（一七五〇）に桜町《さくらまち》上皇が崩御《ほうぎょ》したとき、京都では鳴物停止が五十二日、江戸では五日でした。

ところが、翌年の寛延四年（一七五一）に大御所の徳川吉宗《よしむね》が亡くなったときは、京都で鳴物停止が百六日、江戸では百四日と、すさまじく長かったのです。元将軍が亡くなると、京都では元天皇（上皇）の二倍以上、江戸では二十倍以上の期間、音を立ててはいけなかったのです。

これだと、きっと庶民は天皇より徳川将軍がエライ・スゴイと思うでしょう。これが民衆レベルで捉《とら》えられる将軍の権威と朝廷の権威の姿でした。鳴物停止期間の長短によって、朝廷と将軍のどちらがより尊敬すべき対象かが、示されていたわけです。

実は徳川時代以前から、長く「天皇」号は使われていませんでした。在位中は「主上《しゅじょう》」「今上《きんじょう》」や「禁裏様《きんりさま》」「天子様」と呼ばれます。譲位して上皇になったり、崩御したりすると、天皇は「○○院」と呼ばれました（藤田覚《さとる》「院号・天皇号」『本郷』23）。

後陽成《ごようぜい》天皇や後水尾《ごみずのお》天皇といわず、後陽成院とか後水尾院と呼んでいたわけです。しかし、これはマズイのです。大名も武士も、あるいは大坂の豪商も死後に戒名《かいみょう》をつけてもらうと、院居士号がつきます。お寺に多額のお金を払って院号をつけてもらったら、庶民でも「〇〇院」と呼ばれました。発音上はそれと、同じなのです。天皇の権威保持上、こんな不都合はありません。

天皇号が復活するのは幕末近くの第百十九代・光格《こうかく》天皇のときなので、第六十二代の村《むら》上《かみ》天皇以来およそ九百年の間、「天皇」という呼び名は使われなかったことになります。徳川政権は、これを変更しようとしませんでした。家康は「神君」「東照大権現様」なのに、天皇は死後、武士や金持ちの戒名と同様の「〇〇院」と呼ばれていたわけです。

徳川家康のほうが天皇よりエライと民衆が思っても、おかしくはなかったでしょう。家康が「神君」として祀られるのは、徳川の権威を、特に天皇に対して高める効果がありました。もちろん通常の大名家の始祖は、天皇から神号を贈られて神様扱いされることはありません。織田信長でさえ、天皇から神様扱いされるのは、明治時代になってからです。

家康は、自分を「神」と呼ばせただけではありません。神様となった家康を見せつけるフェスティバルを繰り返すデモンストレーションで、神格化を広く宣伝し続けたのです。

――「東照宮祭礼」です。

これが民に影響を及ぼしました。庶民には各地の東照宮祭礼で、「家康はエライ神様だ」と「見える化」され、神と認識されたのです。

東照宮は久能山、日光だけでなく、全国で造られました。東照宮を造営・分祀《ぶんし》するには、幕府の許可が要《い》ります。最初は徳川家に近い人々だけが造営しましたが、のちには外様大名も建立を認められるようになります。

外様大名の場合、家康の血を引いた娘を正室にもらい、その子どもが藩主に就任すると、「家康の血が入っている」ことを根拠に願い出るという形が目立ちます。

「忠誠競争」という言葉がありますが、要は幕府に対する「ごますり」で建てられたものが多かったようです。「家康（神君）様をお祀りするお宮を建てさせてください。お祭りもやります！」。そんなことを申し出れば、大名は徳川将軍家に気に入られて、覚えがめでたくなるのです。

東照宮祭礼は神君家康公の可視化であり、やがて五百社ほどに達した東照宮のお祭りを通じて、全国津々浦々《つつうらうら》に「家康が神になっていること」が示されるようになります。

現在、東照宮祭礼の様子が忠実に復元されつつあるのが、和歌山の紀州《きしゅう》東照宮です。

和歌山の東照宮祭礼、通称「和歌祭《わかまつり》」は、太鼓や踊りなど、種目ごとに「株」と呼ばれる組織によって構成されています。民衆の間で「株」が代々受け継がれることで、江戸時代の東照宮祭礼の姿を現代にも伝えています（和歌山県立博物館『和歌祭：祭を支えた人々、祭に込めた思い』）。

話を江戸時代に戻すと、庶民にとって「祭礼」は非日常の場です。日常は上等で格式の高い衣服は着られなくても、東照宮祭礼のときは、規制が緩《ゆる》みます。村や町の人々も、天下人の行列に参加できる特別な機会でした。華やかな東照宮祭礼は、武士にも庶民にも「楽しい行事」だったのです。神君家康公に敬意を表するお祭りですから、「質素《しっそ》にしろ」といった規制をかけにくく、このときばかりは倹約令《けんやくれい》が棚《たな》に上げられて、普段、窮屈《きゅうくつ》な思いをしている庶民が、羽を伸ばすことができました。しかも、庶民にとっては、参加することでお上や地域社会に対して自らの存在をアピールすることができるわけです。

東照宮が設けられた全国各地でこうしたお祭りが催され、庶民が参加し、「神君の天下泰平の恩恵」を感じることで、家康の権威は死後も保たれていました（福原敏男《としお》「祭礼の練物　岡山東照宮祭礼」『国立歴史民俗博物館研究報告』77）。

忠義と親孝行、正路《せいろ》と慈悲

徳川時代人の思考の物差しについても考えておきましょう。前述の如く、戦国日本人の下剋上エネルギーをどうにかしないと、「徳川の平和」は維持できませんでした。

徳川政権は、この下剋上エネルギーを止めてしまう方法を考えました。一つは、朱子学《しゅし》ですが、朱子学には、堅苦しいところがあります。「臣子《しんし》の分」をわきまえる、などといいますが、人には生まれついた身分（分際《ぶんざい》）があって、守るべき倫《みち》がある。臣つまり家来には主君に仕える家来の道があり、子には親に従う子の道がある。犬には犬、猫には猫の道がある。そういう具合です。

身分（分際）を踏み越えてしまう言動は、宇宙の理《ことわり》に逆らう行ないだ、と考えます。人間は放置すると、本能によって動物のように振る舞ってしまう。それではいけないから、無礼・不道徳をしないように、教育で正していく必要がある、とするのです。

この分際の倫理感の中では、下剋上の大出世は許されません。秀吉のような行商人・中間《ちゅうげん》から関白への大出世は高望みとされます。許されるのは、同じ身分格式の中の小さな昇進です。

家康は小姓《こしょう》に、「上を見な」と「身のほどを知れ」の二つを教えたと、伝説的に語り継がれています（室鳩巣《むろきゅうそう》『駿台雑話《すんだいざつわ》』）。本当に家康が言ったかどうかは疑わしいのですが、この二つは徳川政権下の思想として大事な概念で「あくまでも分際の枠内で上を目指す」という発想です。

農民であれば、村内でたくさんの田を持てるように成り上がるのはいいのです。しかし、それを飛び越えて、知行《ちぎょう》取りの武士になろうとするのは高望みの「僭上《せんじょう》」とされます。

そして僭上な振る舞いをすることがないよう、朱子学による「忠義」と「親孝行」を教え込み、身のほどを知らせるのです。

「忠義」は身分的に上の方向、「親孝行」は世代的に上の方向と、どちらも「上」に尽くすことです。つまりは、現状すでに権力を持っている支配者に奉仕《ほうし》しろということです。

ちなみに、上の下に対する責任は比較的軽いのですが、正路《せいろ》と慈悲の二つは、下の者が上に要求できるとされました。「上の者は贔屓《ひいき》をしてはいけない。私欲がましく貪《むさぼ》ってはいけない。偏《かたよ》りなく下の者に慈悲をかけるべき」という考えです。下の者も上の者へ、依《え》怙《こ》贔屓・私欲がなく慈悲ある振る舞いを「上に立つべき者の政治倫理」として、押し付けることができるわけです。桂木隆夫《かつらぎたかお》『慈悲と正直の公共哲学　日本における自生的秩序の形成』（慶應義塾大学出版会）は、慈悲・正直が徳川時代の公共哲学になっているとしました。逆にいえば、この二つを怠《おこた》ったら糾弾《きゅうだん》していい、ということになります。

たとえば、代官が仲の良い豪商と癒着《ゆちゃく》して、そいつだけを儲けさせるのもだめです。昔、TBSのテレビ番組に「水戸黄門《みとこうもん》」という時代劇がありました。水戸黄門がやっつけるのはたいてい、ヤクザ者や豪商と癒着した悪代官でした。

年貢《ねんぐ》率を恣意《しい》的に上げたり、新税を強《し》いたりするのは、新儀《しんぎ》の不法《ふほう》とされます。慈悲なく年貢を上げるのは不当だと農民は考えましたから、百姓一揆《いっき》を起こす引き金になりました。

とはいえ、百姓一揆は城を攻め取って領主にとって代わろうとするものではありません。もしそうであるなら、それは農民革命の戦争です。農民はあくまで農民で、軍事力で支配者にのしあがる気はありません。こういう社会では、戦闘力で農民から武士（支配層）になろうとすれば、幕末に新選組にでも入るしかないのです。近世の幕藩《ばくはん》が持つ軍事力は、火縄銃の装備量からして絶大です。まず百姓は、戦闘で武士の支配を転覆《てんぷく》させようとは思っていません。農民が実力行使に出る場面は、せいぜい税の引き下げ要求です。

徳川時代の将軍や大名は、家臣団という巨大な暴力装置を持っていましたから、百姓一揆がかなう相手ではなく、徳川時代に「農民革命」は起きませんでした。

また、農民の一揆が標的にしたのは「私欲が強く、慈悲がない金持ちや依怙贔屓をする代官」です。「殿様は悪くない。我々は不忠をするのではなく、君側《くんそく》の奸《かん》を除きたいだけだ」というのが、一揆の論理です。縦型の社会で、しばしば生じる理屈です。

ところで、徳川時代に限らず、村では百姓の「家格」が決まっています。室町時代には、村人の中の氏子《うじこ》が「宮座《みやざ》」をつくって氏神を祀っていました。どこの村でも、村人全員が宮座に座れるわけではありません。村の上層の、それも戸主の男性を主として、宮座を構成するのです。

中世は兵農が分離していません。侍が村に居て、村落の上層をなしていました。村の侍たちは苗字《みょうじ》を名乗り、文書に記されるときも「〇〇殿」などと、しばしば「殿付け」で呼ばれました。彼らは村内で、しばしば「殿原衆《とのばらしゅう》」と呼ばれています。戦国末期のイエズス会宣教師が編纂した『日葡《にっぽ》辞書』では殿原を「貴族や騎士よりも下級で従士にあたる者」としているので、下級の侍衆ともいえるでしょう。中世村落の古文書を見ると、サインとして花押《かおう》を書いている者が結構います。殿原衆は花押を書くことが多く、村の下層民は筆の軸に墨《すみ》をつけて、筆軸印《ふでじくいん》といってハンコの代わりにしていました。

こうした中世村落の殿原衆（上層）は、戦国末期に大名の家臣団に入って、城下町で武士になっていった者と、村落に残って、大庄屋や庄屋、郷士になっていった者に分かれます。

ここで、徳川時代の農村についてお話しします。徳川時代の村は「本百姓《ほんびやくしよう》」と呼ばれる農民たちの世界です。九州南部・西部や東北を除けば、武士は農村の領地にいません。農村には本百姓がいて、田畑を耕《たがや》し、年貢を請け負います。年貢を請け負わない農民は、「無高《むだか》」とか「水呑《みずのみ》」と呼ばれます。彼らは本百姓の耕作を下請けしたり、他の稼ぎをしたりしていました。

しかし、農村の主人公は、やはり本百姓です。本百姓にとっての切なる願いは田畑を失わないこと、「無高」の貧しい農民に転落しないことでした。田畑を失ってしまうと、家や家族は離散です。他人の家の奉公人になって、結婚すらできるかも、あやしくなります。こうした農民の心の中をよく探った研究として、渡辺尚志《たかし》『百姓たちの江戸時代』（ちくまプリマー新書）を挙げておきます。

ですから、本百姓たちは、過剰に分家して、村が零細《れいさい》農民ばかりになっては困ります。また、村で家数が増えすぎて、山林や用水の利用が無制限になってもいけません。

そこで、本百姓たちは、ひと工夫しました。村ごとに「百姓株」というものを取り決めて、村内の本百姓の株数を定めました。株に空きが出ると、新たな分家を認めました。百姓株を入手して、分家できた者が結婚して家や家族を持つルールであれば、人口は増えません。徳川時代の人口増加が落ち着く原因にもなったでしょう。

ただ、近年では、「百姓株式」数が必ずしも固定化されない村の実態も指摘されています（戸石七生《といしななみ》「近世日本の家・村・百姓株式　相模国大住《おおすみ》郡横野《よこの》村における家数の固定について」『比較家族史研究』30）。

こうした本百姓の世界では、どのような思想習慣が生じたのでしょうか。まず農民の世界でも、家意識を持ち始めます。「村の中で、豊かに長く家を続けていく」ことに重きが置かれ、「ご先祖様がいるから、あなたがいる。だから感謝しなさい」と幼い頃から教えられて、位牌が祀られ、墓域《ぼいき》を所有するなど、先祖のお祀りが大事にされました。このような家の永続を願う農民の研究としては、大藤修《おおとうおさむ》『近世農民と家・村・国家　生活史・社会史の視座から』（吉川弘文館）を紹介しておきます。

このとき注目すべきなのは、男系の「家名」を継いでいくことが重要視された点です。武士の家でも農家が娘だけだと婿養子が取られて、娘（妻）側の家名が受け継がれます。武士の家でも農民の家でも、婿養子は数割に及びます（磯田道史『近世大名家臣団の社会構造』文藝春秋・『武士の家計簿』、坪内玲子《つぼうちれいこ》『継承の人口社会学　誰が「家」を継いだか』ミネルヴァ書房、戸石七生「幕末期南関東農村の養子縁組と村落構造　武州秩父郡上名栗村《ぶしゅうちちぶぐんかみなぐり》古組宗門改帳を素材として」『論集きんせい』27）。

中国や朝鮮などでは、祖先の霊は男系子孫のお供え物しか受け付けないとされ、日本ほどには婿養子は多くありませんでした。父から息子の男系にしか「気」が継承されないと考えるからです（滋賀秀三《しゅうぞう》『中国家族法の原理』創文社）。

農民にも家意識ができると、その家の名誉観念や働く目的が「家を興《おこ》す」ことになっていきます。先祖の名前（前述した「公儀名」）を代々受け継ぎ、「三代目はよく働いて田畑を増やし、家を興すことができた」「五代目はお寺やお宮さんに欠かさずお布施《ふせ》を出し、お宮に大きな玉垣《たまがき》を奉納した。それによって一代限りの苗字帯刀《たいとう》を許された。だから何代目は偉かった」というような話が語られます。

近代になると、家を興し、世間に認められる行為の種類が増えました。田畑を増やした、商売で成功したばかりでなく、官立（国立）大学に入ったとか、軍人や官吏（公務員）、企業で出世した、でもよくなりました。

農民も家を意識して、先祖から子孫へと、バトンを繋ぐように生きていきます。その中で、「家を世間から立派に見られるようにした」「家の格を上げた」当主がエライとされました。

村の中での小さな競争においても、「分限」、つまり、身のほどを知っていることが求められました。一方、分限を超える者に対しては、容赦《ようしゃ》ない非難が浴びせられます。また、人が勝手気ままに移動すれば、秩序は脅《おびや》かされます。よそ者に対しては非常に閉鎖的であり、排他的な面がありました。農村の本百姓の世界は、抱えている田畑の持高《もちだか》などが序列を決めました。武家の家中では、禄高《ろくだか》が序列を決めました。また、よそ者ではなく、古くからその村にいることも社会的に重視されました。長く組織内にいるから、重要な地位に就けるという固定観念は、いまだに日本人にあります。

会社は変わってはきましたが、今でも社歴の長い人を役員にしやすいものです。徳川時代の武士の家中でも、原則、ご家老は代々仕える「御譜代《ごふだい》」がなるものでした。「新参《しんざん》」はなかなか家老にならせてはもらえません。官公庁は徳川時代よろしく、いまだに入省入庁の順番で人事をやっています。政治家に世襲が多いのも、昔からその地位に就いている者や家を優遇する徳川時代からの観念が、日本人にこびりついているからでしょう。

このように徳川時代は、「変わらないことが安心である」人が農村で生きていきやすい面がありました。では、それが、どうしても嫌な人はどうしたのでしょうか。それなりの道は残されていました。江戸、大坂、京都といった大都市に出て、長屋《ながや》などで暮らすのです。江戸の長屋も完全に自由ではありませんが、農村よりは緩やかだったでしょう。

とはいえ、徳川時代の大都市は感染症に弱いものでした。コレラやインフルエンザなどの疫病《えきびょう》が流行《はや》れば、命を落とすリスクがありました。また、幕末になるまで江戸は女性が少なかったのです。棒手振り《ぼてふ》（天秤棒《てんびん》を担いで売り歩く人）のような日銭《ひぜに》を稼ぐ裏長屋の住人は、「かかあ」を持つこと、つまり、結婚は容易ではなかったのが現実で、必ずしも子孫を残せませんでした。南和男《かずお》『幕末江戸社会の研究』（吉川弘文館）によれば、麹町《こうじまち》、四谷《よつや》伝馬町《てんま》、渋谷宮益町《みやます》の男性の有配偶率は約半分で、半分は結婚していません。

その代わり江戸の消費文化を楽しみ、酒を飲む自由も、寿司を食べる自由も、芝居を見る自由もあったのです。

ですから、徳川時代には、子孫を増やし、遺伝子を後世に残したタイプははっきりしています。つまり、農村にいて親の言うことを聞いて、よく学びよく働いて、村内で田畑を上手に増やしたタイプの人の遺伝子ということです。

俳人の小林一茶《いっさ》の話をしましょうか。一茶は、信濃（長野県）の村を出て江戸で暮らし、名を成して故郷に戻っています。江戸へ奉公に出て、のちには俳句を詠む生活の自由を得て、晩年、雪深い故郷に帰り、五十二歳で二十八歳の若い女性と結婚し、夜伽《よとぎ》の回数まで日記に書いていました。「これがまあ　終《つい》の栖《すみか》か　雪五尺《しゃく》」は、一茶が信濃の山村に戻ってから詠んだ句です。

都市生活をして結婚が遅いので、子孫を得るのが難しく、一茶は小林家の永続を願ったのですが、彼の子で成人したのは、死後に誕生した女子一人だけです。一茶は梅毒《ばいどく》の医学書を入手しています（小林計一郎《けいいちろう》『一茶　その生涯と文学』信濃毎日新聞社）。杉浦守邦《もりくに》『カルテ拝見　文人の死因』（東山《ひがしやま》書房）では、一茶が梅毒で妻子の命を縮めてしまったのでは、との見立てをしています。江戸などの大都市では、性感染症の危険にもさらされました。徳川時代はしがらみがあっても、農村にいなければ多くの子孫を残すことが難しかったのは事実です。一茶の生涯は、庶民の一つの姿を物語っています。

幕府が民に信じてほしくない思想とは

徳川幕府が民に信じてほしい思想は、朱子学だったでしょう。一方で、信じてほしくない思想もありました。豊国大明神、つまり豊臣秀吉への信仰などは、もちろんやめてほしかったでしょう。キリスト教ももちろん禁止です。江戸時代の「危険思想」として、まずキリスト教を取り上げておきましょう。

徳川政権は、朱子学の見解を加えながら、親と主君に対する忠孝というベクトルをつくり上げていきました。すでに紹介しましたが、人間にも、それぞれ「分」があるとの考えを前提にしています。分を守って、分相応に生きろ、と説いたのです。

人間が平等であったり、みんな等しく権利を持っていたり、という考え方は、天下を獲った人たちにとっては不都合でした。

ところが、一神教のキリスト教では、「神の下の平等」が頭をもたげかねないのです。「神の子」は均《ひと》しく「理性」を共有していると考え、神に授けられた理性の灯《ともしび》をわかちあう存在は均しく「人権」を持つ。近代西洋の人権思想の裏には、このすこぶる宗教的な理屈が隠されています。朱子学では「将軍と百姓」それぞれに分があって、それぞれの道に従って生きるべきものです。キリスト教では、そうはいきません。

キリスト教と日本の武家社会の違いに悩んだ人がいます。キリシタン大名の高山右近《たかやまうこん》です。高山はキリスト教を禁止する豊臣秀吉に忠義を尽くすことに悩み、葛藤《かっとう》しました。そしてキリスト教を棄《す》てず、秀吉に与えられた六万石《ごく》以上の領地すべてを返すと決めたときに、「安らぎ」を感じたようです（ルイス・フロイス『日本史』）。高山は最終的には、マニラに追放されました。

家康はかつて、秀吉政権の重臣でしたから、この一部始終を見ていました。キリスト教徒は武士も領民も、忠義より神との関係を優先してしまいます。それに対する警戒感が、徳川幕府にもありました。

キリスト教と主従関係について、最近の近世史研究が注目している事柄があります。それは「誓紙《せいし》」という契約書です。幕府や藩では、どんな役職であれ誓紙を提出していました。

誓紙は、熊野牛王《くまのごおう》の神と八咫烏《やたがらす》の判が木版で刷られた紙に、日本国中《こくじゅう》大小神祇《じんぎ》（八百《やお》万《よろず》の神の名前）が書いてあり、「この契約を破ったら、体中の毛根から病が入ってきて……」

とか、「冥罰《みようばつ》神罰を受けることになります」と記します。

それを差し出してから、出仕できるのです。また、この紙を水でといて飲んだりもしていました（大河内千恵《おおこうちちえ》「起請文《きしようもん》の罰《ばち》：神文《しんもん》の罰から牛玉《ごおう》の罰へ」『國學院雑誌』122－11）。しかし、キリスト教徒には熊野権現も日本国中大小神祇も「そんなの関係ない」のです。誓紙で誓っても、効力がなく、秩序が崩壊してしまいます（大橋幸泰《ゆきひろ》「16－19世紀日本におけるキリシタンの受容・禁制・潜伏」『国文学研究資料館紀要』12）

さらにいうと、日本国中の土地は「御公儀」である徳川将軍が大名に与え、大名がさらに家来や寺社仏閣に与えました。土地の支配権（知行）を与える行為を「知行宛行《あてがい》」といいます。土地支配権をもらった代わりに、家来は主君に奉公し、神社仏閣は将軍や天皇のためにお祈りをする関係でした。しかし、キリスト教会は必ずしも、秀吉などの主君にお祈りの奉公をするわけではありません。それどころか日本国内の土地が寄進されると、国土が、イエズス会やローマ教皇の領地になります。

このようなことから、キリスト教は徳川幕府の体制と相容《あいい》れないのです。

同様の点から、幕府が認められない宗教として、キリスト教の他に日蓮宗の不受不施派《ふじゆふせは》があります。この宗派は、信者でない幕府からは「何ももらわないし、何も奉仕もしない」のです。

寺社は知行をもらい、将軍と天皇が一体化した公儀に奉仕する、というシステムが出来上がっているのに、不受不施派は信者以外からの施《ほどこ》しを受け取らず、かつ信者以外への施しをしません。これは、将軍や大名から土地や施しを受けない代わりに、将軍や大名のために祈らないと宣言したことに等しく、徳川時代には弾圧されました。そのため僧と信者はキリスト教と同じく、地下活動を余儀なくされました（ジャクリーン・ストーン「近世不受不施論争における権力に対する譲歩と殉教《じゅんきょう》　国主の布施の受不受の問題を中心に」『日蓮仏教とその展開』山喜房佛書林《さんきぼうぶつしょりん》）。

日蓮宗の不受不施派ではありませんが、戦国時代に領主と対決した宗派が、有名な一向宗です。阿弥陀仏に帰依し、戦国大名にも抵抗した「一向一揆」で知られます。戦国時代には親鸞《しんらん》・蓮如《れんにょ》の子孫の本願《ほんがん》寺《じ》光佐《こうさ》（顕如《けんにょ》）が信者を率いていました。

家康も三河一向一揆で苦《にが》い経験をしています。しかし、この一向宗は、織田信長によって、幾度も数万人単位の殺戮《さつりく》にあいました。その後、一向宗は武家政権との折り合いをつけていきます。豊臣秀吉の時代には、本願寺を要塞《ようさい》化しないことを条件に、大坂城下の天《てん》満《ま》で、秀吉政権と「同居」するに至りました。

ちなみに、例外は薩摩《さつま》の島津《しまづ》です。一向宗の寺院勢力が秀吉の九州征伐《せいばつ》で秀吉方に通じたことに恨《うら》みを持ち、領内での一向宗を禁止しました。薩摩藩では、南無阿弥陀仏の念仏は地下に潜って「隠れ念仏」として続けられました（かくれ念仏研究会編『薩摩のかくれ念仏―その光りと影』法藏館）。

実は儒教の中にも、幕府がつくり上げた「分」を否定しかねない思想がありました。陽《よう》明学《めいがく》です。朱子学の徳川的解釈では、政治に参画できるのは相応の家格を有する者だけです。下級武士や農民の「分際」で、ご政道《せいどう》（政治のあり方）を論じてはいけないのです。陽明学はこの「分」を壊しかねない思想でした。

儒教は学問をする目的を、『礼記《らいき》』の「大学」という一篇で決めています。これは十三文字です。「格物致知《かくぶつちち》、修身斉家《しゅうしんせいか》、治国平天下《ちこくへいてんか》」。「修身斉家、治国平天下」は自分の身を修め、家庭をととのえ、国を治め、天下を平和にすることです。心の中→個人→家庭→国→天下（世界）と、変革する相手が大きくなっていきます。

これはわかりやすいのですが、わかりにくいのは一番肝心の最初の心の中の変化、「格物致知」です。

朱子学では格物は「物にいたる」と読みます。「格物窮理《きゅうり》」などともいって、物事の本質や理屈を理解して極める、と解釈されました。物事に通じて知った状態にいたることと、朱子学では、普通に読むのです。

ところが、陽明学では違います。「格物」を「物をただす」と読んだのです。学問は物事をあるべき本来の姿に正していくこと、という解釈も生まれました。こうなると学問の目的は、自分が考えた世界観で世の中を主体的に変えていくことだ、という話にもなります。

それは革命思想になりかねません。徳川政権にとって、陽明学は都合の悪い学問でした。自分の考え（了見《りょうけん》）は、人それぞれが持っています。将軍、幕閣たちだけでなく、大名にも、農民にも、商人にも、犬猫にも、ミジンコにも、それぞれの了見があります。将軍や幕閣以外の人間が、自分の了見に従って、世の中を変える考えは、徳川体制下では危険思想になります。

実際、陽明学は徳川政権にとって「危険な思想」を広めました。武士は農村に住んだほうがいいとする農兵論・武士在郷論がその代表でしょう。

「鎌倉時代や室町時代は武士が農村に住んで農耕に従い、質素に暮らし、兵を養った。武士が農民から年貢米を取って城下町に住み、都市生活を楽しむのはおかしい」という意見です。陽明学者の熊沢蕃山《ばんざん》は、この農兵論・武士在郷論をさかんに唱《とな》えました（宮崎道生《みちお》『熊沢蕃山─人物・事績・思想』新人物往来社）。

「日本中のすべての人は農業に従事すべきだ（万人直耕《ばんにんちょっこう》）。年貢を取り立てる存在がいること自体がおかしい」といった思想も生まれました。秋田藩の安藤昌益《しょうえき》です。このあたりは徳川にとって、かなり危険な思想でした。近年の安藤の優れた思想史研究として、若《わか》尾政希《おまさき》『安藤昌益からみえる日本近世』（東京大学出版会）を挙げておきます。

もっとも、安藤昌益のように町医者なら目立ちませんが、熊沢蕃山は岡山藩の重臣であり、藩政に携《たずさ》わっていました。熊沢蕃山は弾圧の対象になります。

熊沢の著作『大学或問《わくもん》』は、のちに出版されてもすぐに発禁となりましたので、筆写本で読まれていました。幕末の吉田松陰《しょういん》や高杉晋作《しんさく》も熊沢蕃山を読んでいますが、それは筆写本になります。

儒学者が陽明学に傾くと、徳川体制下では藩校の先生にはなれず、活動の場が在野《ざいや》になりがちでした。

また、「反体制」とまではいきませんが、徳川体制下での珍しい男女平等思想に、富士山を信仰する人の中から生まれた思想があります。ご神体として登拝《とうはい》する「富士講《ふじこう》」の行者・食行身禄《じきぎょうみろく》の系統に連なる鈴木頂行《ちょうぎょう》の思想です（海老原良夫《えびはらよしお》『常総《じょうそう》の隠れた英雄　鈴木頂行とその時代』平安堂出版）。

　鈴木頂行の『家宝伝《かほうでん》』は近年、研究も現われています（桐原光明《きりはらみつあき》『「無題」改め「家宝伝」の研究』）。江戸時代後期の農政家・二宮尊徳《にのみやそんとく》に影響を与えたともいわれるもので、鈴木頂行は、「男女に役割がある」ことに疑問を投げかけ、「人間は平等であり、助け合いで世の中は成り立つ」という考え方を提示しています。

　「助け合い」は、人々がフラットで横に繋がった世界で成立するものです。上下関係に立《りっ》脚《きゃく》する徳川の朱子学の世界では、男女の平等も、武士と民の間の平等も表立っては語られにくい思想です。

　徳川の体制がしっかりしていれば、朱子学の「権力（＝為政者）のおかげで平和が維持され、生産・経済活動がなされる。その御恩はありがたい」という考えは、民衆に浸透していました。しかし、飢饉《ききん》が続いて百姓一揆がしばしば起きた江戸時代後半になると、話は違ってきます。

　そのため江戸後期になると、徳川体制を脅かす民衆思想が、ちらほら現われます。

「そもそも、お侍が年貢を取る世の中自体がおかしい」「弥勒菩薩《みろくぼさつ》が現われて、お救いをしてくれるのでは」「天照大神が救ってくれる。その証拠に天から御札《おふだ》が降ってきた」――このような「救い」を求める思想が現われます。

天明《てんめい》の飢饉に苦しむ民衆が、京都の御所に行って、天皇に向かって「御所千度参り」をする事件も発生しました。後桜町《ごさくらまち》上皇は民衆に、三万個のリンゴを配りました（藤田覚『幕末の天皇』講談社学術文庫）。江戸後期、民衆は徳川将軍や東照大権現以外のものに救済を求め始めました。それは天照大神や天皇、富士山、弥勒菩薩など、家康以来の「徳川の将軍を飛び越えた存在」を民衆が意識し始めたことを意味します。

こうなると、もう家康の誤算です。徳川政権は末期症状を見せ始めました。

「世直し」一揆と伊勢神宮の「おかげ」

フランス革命でもそうですが、民衆は物価、とりわけ食べ物の価格が上がると、政権を脅かします（エルネスト・ラブルース『18世紀フランスにおける物価ならびに所得の変動分析試論』、松浦義弘《よしひろ》「フランス革命におけるパリの民衆―食糧をめぐる騒擾《そうじょう》を中心にして―」『専修大学社会知性開発研究センター歴史学研究センター年報』4）。幕末にかけて「世直し」という運動が民衆の間に起こってきます。

それ以前にも老中《ろうじゅう》・田沼意次《たぬまおきつぐ》の時代や、松平定信《さだのぶ》が老中の頃にも「打ちこわし」が起こり、多くの場合、米屋が襲われました。

その背景には、「飯をまともに食べられるようにするのが公儀の務めだ。それができなければ、起ち上がって世を直す」という民衆の意識があります。

この世直しの動きは、幕末になって内憂外患《ないゆうがいかん》が進むと、加速しました。内憂は冷害による飢饉、外患はロシアやイギリス、アメリカが開国を迫ってきたことです。

米価が上がり、あちこちで打ちこわしが頻発《ひんぱつ》し、旗印《はたじるし》にはっきり「世直し」と掲げる一揆が起きると、当然ながら社会不安をもたらします（佐々木潤之介《じゅんのすけ》『世直し』岩波新書）。

ただし、世直しの攻撃対象は武家政権でなく、あくまでも金儲けに走る豪商や豪農でした。豪商、豪農を懲《こ》らしめて、世の中を直すという運動であり、代官所や奉行所《ぶぎょうしょ》などを襲って政権を奪う挙兵や革命ではありませんでした。

しかし、天保《てんぽう》の飢饉があった翌年の天保八年（一八三七）には、幕府や藩の出張所が「標的」になります。

陽明学者の大塩平八郎《おおしおへいはちろう》が、救民の旗を掲げて大坂で挙兵し（大塩平八郎の乱）、国学者の生田万《いくたよろず》は、同じく救民のために越後国《えちごのくに》柏崎《かしわざき》で桑名《くわな》藩の陣屋を襲撃したのです（生田万の乱）。この幕末動乱に向かう過程を知るには、宮地正人《みやちまさと》『幕末維新変革史』（岩波現代文庫）が良い本です。

それ以前にも、老中・田沼意次の子である意知《おきとも》に江戸城内で斬りつけた旗本《はたもと》の佐野政言《まさこと》を、庶民が「世直し大明神」と呼ぶことはありましたが、大塩平八郎は大坂町奉行所の与《よ》力《りき》、生田万は館林《たてばやし》藩士の出身であり、武士階層から武士政権を糾弾《きゅうだん》する動きが生じたわけです。

なお、「世直し」と称する一揆は、明治時代の初め頃まで続きます。

結局、家康の徳川政権にとどめをさしたのは、「天皇」を旗印にした政権です。天皇は天照大神から、ずっと続いていると信じられていました。

逸話《いつわ》があります。徳川時代の初め頃、兵庫県の尼崎《あまがさき》藩主をしていた青山幸利《よしとし》という殿様が天皇のことを「王左衛門《おうさえもん》」などと呼ぶので、学問のあった側近が「殿様、天子様は天照大神の子孫でずっと続いてます」と説明したら、「王左衛門」というのをやめたと伝わります（桑原重英『青大録《せいだいろく》』）。

ですから、徳川政権の終わりを考えるうえで、「天照大神と伊勢神宮」の話題は避けて通れません。実は伊勢神宮は、徳川家康の頃から危険な存在でした。

晩年の家康が駿府《すんぷ》にいたときの『駿府記』という記録に、慶長十九年（一六一四）、大坂冬の陣と翌年の夏の陣の間に、伊勢踊りが駿府の町で大流行したとあります。これはまさしく、反体制運動でした。大坂の陣の際には、豊臣秀頼《ひでより》が伊勢神宮の神主に、「家康を呪い殺す」のを頼んだふしが見受けられます。のちに、伊勢の神主は家康に仕返しされる、と青くなったのですが、家康は罪を問わなかったとの記述が諸書に散見されます。家康は民衆の心が離れることには危機感を覚えても、呪いのような旧弊《きゆうへい》の類《たぐい》はあまり気にしない人だったのでしょう。ただ豊臣を滅ぼす直前に、お膝元《ひざもと》の駿府で人々に伊勢踊りが流行したことについては、家康はかなり警戒したはずです。

このように家康の時代から、伊勢神宮の神主たちは豊臣寄りで反徳川的でした。

幕末、徳川体制が弱ってくると、「ええじゃないか踊り」が始まり、誰かが仕掛けて伊勢神宮の御札をばらまいて、「天から御札が降った」と狂乱する現象が起こりました。天皇と天照大神への信仰が、徳川への反抗に利用され始めた瞬間でした。

大坂の陣のあと、「天皇は伊勢の神主にしたらどうか」との意見が、家康のブレーンの天海《てんかい》から出て、天皇・公家衆を伊勢神宮付近に転居させる案が検討されたという伝承があります。江戸後期の伊勢の藤堂《とうどう》家の史料に出てきます。研究書では、深谷克己『近世の国家・社会と天皇』が、拙著では、猪瀬直樹《いのせなおき》・磯田道史『明治維新で変わらなかった日本の核心』（PHP新書）で紹介しています。原文を書き下すと「このうえ、禁裡《きんり》（帝）ならびに公卿《くぎょう》方を、伊勢へ移され、太神宮の神主になさせられ候《そうら》へば、自然、将軍家は天子同様の御勢にならせらるべく候と申上《もうしあげ》候」となります。これは「塩谷世弘建白書《しおのやせいこうけんぱくしょ》（御文教之儀に付奉申上候）」に出てきます。塩谷は幕府の昌平黌《しょうへいこう》の学者で、徳川家の歴史編纂をしていました。

　結局、藤堂高虎《たかとら》らが反対したために実現しなかったのですが、豊臣家を滅ぼした後に、天皇と伊勢神宮を弾圧するハードランディングが徳川政権内部で検討されたふしがあります。しかし、実際には実行されず、家康は東照大権現として天照大神の権威を、やんわりかぶる形で、徳川権威付けの「制度設計」は終わりました。政権発足時に、天皇に手荒なことをしてしまうと、のちに、徳川幕府は朝敵として攻撃されやすくなります。妥当《だとう》な判断だったといえるでしょう。

　しかしそれは、徳川が「お伊勢さま」信仰への警戒対策を放置したということでもありました。

戦国時代末期に毛利《もうり》家の家来だった玉木土佐守吉保《たまきとさのかみよしやす》が書いた『身自鏡《みのかがみ》』に、玉木が嬉《うれ》しそうにお伊勢参りをする姿が記されています。戦国時代から、「一生のうちに一度は伊勢神宮を参りたい」という信仰心が、世間一般に流布《るふ》していました。

江戸時代になると、「犬も参る伊勢参り」のブームが繰り返し起きています（仁科邦男《にしなくにお》『犬の伊勢参り』平凡社新書）。人口三千万人の江戸時代の日本で、お伊勢参りの人数は、多いときで年間四百万人以上とする説があります。これは当時の人口の七分の一に相当します。子どもの人口を半分とすると、四分の一以上の大人たちが伊勢に行ったのかもしれません。

女性も「おかげ参り」に参加しました。自分でお伊勢参りに行けない人は、犬を代わりにお参りさせることもありました。犬の首に財布を付け、御札をもらって帰らせたのです。本当に伊勢に参って戻ってくる犬もいました。

お伊勢参りの実態を見ると、伊勢神宮の近くにある歓楽街での女性の接待・遊興《ゆうきょう》を、男性が楽しみにしていた事実があります。今でも農村各地で、「伊勢音頭」がうたわれています。若者組が連れ立って伊勢に参り、性的な風俗サービスも含めた歓楽が習俗になっていたのでしょう。

人々は伊勢神宮に参って、五穀《ごこく》を実らせる太陽神の天照大神のありがたみに感謝します。そして天皇を、「あの天照大神から続くありがたい存在」と実感したでしょう。伊勢参りを繰り返す中で、日本人の心に「徳川から天皇へ」という変化が起きたことは想像に難くありません。伊勢神宮の祭神は皇室の祖神・天照大神ですから、お伊勢参りは尊王《そんのう》思想にも繋がるのです。

庶民の伊勢信仰を規制しなかったのも、家康の誤算で、徳川政権の維持にはマイナスとなったのではないでしょうか。

さらにいえば、「おかげ参り」という言葉ですが、お伊勢参りの「おかげ」は、「お恵み（御恩沢《ごおんたく》）で、自分たちが暮らしていける」お礼です。この場合、「将軍様のおかげで自分たちがある。そのために年貢をお納めする」という従順な考えが変質します。「太陽のおかげ。天照大神のおかげで生きていられる。その天孫の京都の天皇はありがたい」になり、徳川将軍をスルーした「おかげ」の概念が生まれるのです。こうなると、もう徳川の政権は壊れ始めます。

前述のように徳川中期までで、天皇や公家の権威は固まっています。大名家には公家の娘が嫁《とつ》いできて、大名たちは天皇に接近し、すでに宮廷文化に憧れた状態です。民衆も雛《ひな》人形を飾り「お内裏《だいり》（天皇）様は綺麗《きれい》で、素晴らしいものである」との刷り込みを受けています。加えて、お伊勢参りを通じて天照大神を貴《たっと》ぶわけです。

伊勢にはツアー・コンダクターがいました。「御師《おし》」さんです。この御師が配る伊勢神宮の御札（神宮大麻《たいま》）が近代にかけて、日本中の家々で祀られるようになります。

こうして「徳川将軍のおかげではなく、天照大神とその子孫たる天皇のおかげ」という意識が、江戸後期により広く浸透していったのです。

文人たちのサロンが突き崩していった

もう一つ、徳川の世を突き崩したのは、文人たちがつくったサロンでしょう。私は、これにも注目しています。

江戸時代中期以降、インテリやエリートの中に「思い切り」をつけた人が出てきました。「徳川の世は面白くない。生まれつきで役割を押し付けられる。役割期待はもう捨てよう。好きに生きよう」。家康以来の徳川のカラクリに気づいてしまって、自由に行動する知識人が続出します。こういう人々は脱藩したり、流浪《るろう》の旅に出たりして、各地の有力者と交流して歩きました。ゆっくりですが、これがエリート層の意識を変えていきました。
「寛政《かんせい》の三奇人」などは、このような脱走インテリです。第三章で寛政頃の「奇人」の話をしました。蒲生《がもう》君平《くんぺい》と高山彦九郎《ひこくろう》です。林子平《しへい》を入れて「寛政の三奇人」と呼ばれます。

林子平は仙台藩にゆかりがあり、長崎遊学などで海外事情に通じ、体制の矛盾を考えた人で、放浪はしていません。しかし、蒲生君平は日光街道沿いの下野《しもつけ》国宇都宮の人で、ずいぶん旅をしています。蒲生は天皇陵を調査して『山陵志《さんりょうし》』を著しました。高山彦九郎は蒲生より激烈です。第三章で触れたように、「草莽《そうもう》」という急進的な概念を提唱しました。蒲生も高山も北関東出身で、徳川家ゆかりの地の人です。蒲生は日光に近い地域の生まれで、高山彦九郎は、徳川家が先祖とした新田《にった》氏発祥の地、上野《こうずけ》国新田の人です。しかし、両者とも国学に詳しく、徳川よりも天皇への忠義に生きました。

高山は郷士《ごうし》でした。本来、徳川やその家来に、年貢を納める立場の人です。ところが、村を去って旅に出ると、「自分は草むらに隠れた天皇の家来（草莽之臣）だ」と言い出すのです。

長州藩の志士も、この高山の影響を受けました。「草莽が立ち上がれば、徳川を倒せる」。吉田松陰は松《しょう》下《か》村塾《そんじゅく》で志士を教えましたが、この「草莽」の概念は徳川を倒す理論的な柱になりました。

なぜ、そのような動きが出てきたのでしょうか。

最大の要因は、外国の脅威です。外国侵略への不安が、エリート層に危機感をもたらしました。インテリは徳川の「征夷大将軍」が「外夷《がいい》（外の野蛮人）」を打ち払えないのはおかしい、と言い出します。強い外国を見て、日本の自意識が高まりました。日本の「国の学問」が注目されました。「国学」です。国学は日本らしさを、「和歌」や「天皇」に求めるところがあります。これが徳川を潰す論理にも繋がっていきました。

江戸中後期の知識人層の活動の特徴を挙げておきましょう。彼らインテリは「会読《かいどく》」という読書会を催して、あれこれ議論しました。読書会の議論であれば政治集会とは見なされず、政治の議論ができたのです（前田勉《つとむ》『江戸の読書会』平凡社）。

また、芸術も知識人の結集や交流のきっかけになりました。「書画会」「物産会」です。書画会は、掛け軸などの作品を持ち寄ったり、その場で書画を書いたり描きあう（席画《せきが》）場になりました。物産会は本草《ほんぞう》学者が珍しい物を見せあう場です。

書画会や物産会がきっかけになって、日本列島の津々浦々まで、インテリのサークル・サロンがあちこちに形成されました。徳川は主従関係のタテ型社会を設計しましたが、徳川が恐れていた「人々の自由なヨコの繋がり」、これができてしまったわけです。

蘭学者も情報を交換する集会を始めます。早くから「オランダ正月」といって、クリスマス会をやっていました。キリスト教の行事なのに「正月」と言い換えて、強引にやってしまうわけです。司馬江漢《しばこうかん》のような蘭画家も、広く日本中の文人画家と交流しました。交流してしまえば、顕微鏡《けんびきょう》で見ればアリも人間も手足の本数が違うだけで、頭・胸・腹という構造は同じであるとか、そんな情報が交換されます。

徳川時代は近現代のように、新聞・雑誌・テレビといったマスメディアがありません。瓦版《かわらばん》も常にはありません。写真や映像がないので、詩・書・画が情報交換の大切なツールでした。

木村蒹葭堂《けんかどう》という人がいます。大坂の酒造家に生まれ、文物の収集家としても名を馳《は》せた金持ちです。木村は客が好きで、身分を超えて誰でも家に招きました。脱藩した人も木村の家に行くと、それなりに世話をしてもらえます。

蒹葭堂が聞いた物産会には、伊勢長島藩主で画家の増山雪斎《ましやませっさい》（正賢《まさかた》）、漢学、漢詩、書画、音楽にまで通じた学者大名の松浦静山《まつらせいざん》、さらには北海道松前《まつまえ》藩主の子である蠣崎波《かきざきは》響《きょう》（広年《ひろとし》）までが関わっています。中村真一郎《しんいちろう》『木村蒹葭堂のサロン』（新潮社）という本が参考になるでしょう。大坂の商人だった蒹葭堂のサロンは特に規模が大きかった一例ですが、規模は小さくても各地の港町などで、豪商たちの間でサロンを開く人がたくさん現われました。港町なのは交通に便利だからです。大坂も船が行き交う港町でした。

徳川時代後期は、文化教養の情報交換をするには、意外に便利な社会でした。マニアックな人には、何らかの支援者が出ます。今風にいえば「オタク」に優しい社会なのです。

徳川時代、裕福な都市の商人たちが、こうしたマニアックな知識人の支援者になりました。

たとえば、大坂の懐徳堂《かいとくどう》は、商人たちが作った学校です。その学主を務めた中井竹山《ちくざん》が、松平定信に提言書の「草茅危言《そうぼうきげん》」を送り、学校を建て文教政策に力を入れるように言ったことは、第四章で触れました。琉球《りゆうきゆう》や朝鮮との外交の要点まで提言しています。竹山の弟・中井履軒《りけん》は、九州からやってきた麻田剛立《ごうりゆう》という西洋天文学にも詳しい学者の面倒をみています。大坂は商人がソロバン勘定《かんじよう》をする町です。合理的ですから、麻田のような西洋の科学知識が受け入れられやすかったのです。

蒹葭堂や竹山・履軒兄弟のサロンでは、身分や家柄の上下関係を離れて、忌憚《きたん》なく「世の中がおかしい」と話し合われたことでしょう。そこでは中国など東アジアだけでなく、西洋まで含めた世界知識がとびかっていました。

「学校を作っていないのはおかしくないか」「ロシアには病院や孤児院がある」「医学校を作らないと、ヤブ医者だらけにならないか」などと、現実的な議論ができる場所ができていたことでしょう。

このサロンに集まる知識人たちは思っていたでしょう。大陸には科挙《かきょ》があります。学問を入り口に、大臣にさえ登用されます。しかし、徳川日本では、そうなっていません。世襲です。先祖が乱暴で腕っぷしが強く、戦場でたくさん首を取ってきた者の子孫が「譜代」の上級武士となり、幕政も藩政も牛耳っていました。

「学校できちんと学んだ学問教養のある人間が行政に関わるべき」という不満が、こうしたサロンに集まる文人（知識人）にはありました。

要するに、行政に携わる人間は、きちんと漢文の読み書きができ、「経世済民《けいせいさいみん》」の知識があるメリット（能力）で選ぶべきだという考えです。そうでないと飢饉対策、新田開発、水利工事など、できるわけがありません。世襲で人事が決まり、昔ながらの「型」で儀礼が繰り返されるだけになっていくと、まずい政治になっていきます。

徳川時代の後期に、「能力を重視する」という、久しく日本社会が顧《かえり》みなかった問題を知識人たちが話し合うようになってきたのです。身分制が壊れ始めたといえるでしょう。

では、そのような人材はどこで得られるのか。学校で知識を学び、才能を磨くことで人材は育てられます。徳川政権の中央でこれを理解し、乗ったのが松平定信でした。幕府だけではありません。諸藩も気づきました。藩の中には、飢饉に見舞われたり、財政難に陥《おちい》ったりして、危機的な状況に置かれたところがあります。そういう藩は、学校で人材を選び抜いて行政を担当させるシステム（学校官僚制）にしなければ、問題が解決できません。「藩政改革の伝播《でんぱ》―熊本藩宝暦改革と水戸藩寛政改革」（『日本研究』40）という論文に書きましたが、諸藩は熊本藩や米沢《よねざわ》藩の改革を真似《まね》し始めたのです。

熊本藩主の細川重賢《しげかた》、米沢藩主の上杉鷹山《ようざん》などが、改革を始めました。やがて、それを諸藩が真似ます。会津《あいづ》藩や津山《つやま》藩、佐賀藩です。藩士に学校（藩校）への出席を強制し、義務教育にするところも出てきました。藩校で生徒に試験を課し、厳しく成績を管理し、そこで「優秀」とされた人材を「役人」に登用するのです。

それまでは藩に学校があっても、行きたい武士だけが行く、自由登校が基本でした。ところが出席が義務化され、中には寄宿舎《きしゅくしゃ》を設けて、上級武士は学校に一定期間寄宿しなければならなくした藩もあります。武士が勉強を主君から強制されるわけです。佐賀藩などは、藩校で勉強熱心でなかったり成績がダメだと、俸禄《ほうろく》（給与）を削減されました。こうなると、さすがにみんな勉強するようになります。

日本は学校官僚制へ向かっていきます。学歴を重視し、試験でエリートを選抜し、国家が人材をすくい上げて、「富国強兵《ふこくきょうへい》」に投げ込みます。富国強兵は明治からではなく、幕末の藩の中で生まれた用語です。その中で、個人は「受験競争」に参戦し、勝てると、身分家柄を飛び越えて「出世」できるというシステムです。

明治時代になると、学校で選ばれたエリートを、陸軍省、海軍省、大蔵省、内務省などに配置し、トップダウンで近代化を推し進めました。

しかし、こうなると、学問・勉強は「よい処遇」を得るための道具に堕落《だらく》していきます。いい就職や、いい給料がもらえそうだから勉強する、とか、良い成績で良い学校を出た人と見られると気持ちいいから、一生懸命、勉強するといった話になっていきます。「学問や得られる知識そのものに興味がある。だから、勉強する」。これが本来の姿だったのですが、近現代社会ではそうではなくなりがちです。

知識を大事にしよう。学校を建てよう。知識のある人を大事にしよう。そう言っていた徳川時代のサロンの人たちに、罪はありません。書画を愛《め》でたり、和歌を詠んだり、漢詩を読んだりするサロンの人たちは、自由なオタク、マニアックな人たちでした。しかし、彼らの主張が意外にも、学校・成績重視の官僚制に繋がっていったのです。徳川家康が想定した安定社会を突き崩した力の一つは、文人たちがつくったサロンから生まれたと、私は考えています。

茶室の中では身分の差がなくなるとされました。徳川時代の「オタク」たちの集まりもそうです。書画会、会読、物産会等々、芸事に関わる集まりが身分を超えて自由に交流する場になりました。徳川社会は身分制が厳然《げんぜん》とありました。しかし、物産会など知識交換のサロンなどでは、身分や地域を超えてかなり自由に交流していたのです。

その一方で、日本社会の面白いところですが、江戸時代につくられた「分」による上下関係は、明治になっても残り続けます。

明治十四年（一八八一）、十五年（一八八二）頃から、天皇をトップに戴《いただ》く新しい上下関係の体系がつくられました。それが徳川時代と決定的に違ったのは、本当に徹底して「学校官僚制」で国家をつくった点です（磯田道史「近世中後期藩政改革と『プロト近代行政』――熊本藩宝暦改革の伝播をめぐって――」）。

徳川時代の人事には「過去、先祖が主君にどんな奉公をしたか」という世襲論理が強く影響しました。身分と家の格で役職が決まりました。しかし、明治以後は、富国強兵を進めるために、学歴と官吏《かんり》登用試験で選別しました。西洋の言語や文物に通じた人材が必要だったからです。こういう人材は学校で教え、選んで抜き取るのに適しています。

その結果、海軍兵学校、陸軍士官学校、東京帝国大学に入る試験を通ると、かつて旗本や小大名が得ていたような高い地位に上ることができたのです。明治前期、陸海軍の幹部将校のお給料は今でいえば四千万円を超えます（磯田道史『武士の家計簿』）。

昔の大名が側室《そくしつ》を持ったように、明治・大正期は、政府の高官になった人たちが愛人を持っても「甲斐性《かいしょう》」などと当然視された時代です。当時は天皇にも側室があり、華族には「妾《めかけ》」がいる者が少なくありませんでした（小田部雄次《おたべゆうじ》『華族家の女性たち』小学館）。これは男女の差別が徳川時代から近代に持ち越されたというべきです。徳川政権は戦国を勝ち抜いた結果できた軍事政権です。男性優位の理屈で社会観念が出来上がりやすく、近代になっても、この国にその観念が持ち越されてしまった面があります。

徳川の世と女性・子どもの幸せ

徳川は戦国を勝ち抜いた「武威《ぶい》（武力の威勢）」の政権でしたから、現代社会への影響を考えると、功《こう》と罪《ざい》があります。産業も農業の比率がまだ高く、力仕事が欠かせませんから、男性優位になりがちでした。それでも、「女性や子どもの幸せ」の観点から徳川政権を見ると、五代将軍・綱吉が戦国の風を改め、将軍が女性・子ども・動物を含めた「生命を保護する」政策転換を行なっています。「犬公方《いぬくぼう》」とか「お犬様」などと、「生類憐《しょうるいあわれ》みの令」は綱吉の悪政とされましたが、塚本学《まなぶ》『生類をめぐる政治―元禄のフォークロア』（講談社学術文庫）がその見方を変えた研究です。

綱吉政権は動物愛護だけではなく、人間の子どもの「捨子禁止」も政策にしていました。綱吉時代は、女性の発言力が高まった時期です。綱吉は母親の影響を強く受けていました。綱吉期は女性が将軍に拝謁《はいえつ》するため、江戸城に登城《とじょう》する例まで見られます。綱吉は側室の妹の子を大名（のち三上《みかみ》藩遠藤家）に取り立てました。当然、側室の発言力によるものです。この藩は女性の力でできた藩で、女性が実質、藩を動かしていたとの伝承があります（古田忠義編『女武勇集《おんなぶゆうしゅう》』）。

綱吉政権が弱者の保護をはかり、女性・子どもの状況がやや改善されたのは事実です。戦国が終わったばかりの十七世紀は、年貢が納められないと、女・子どもを人質に取り、凍死させてしまう大名までいました。以前、私は拙著『天災から日本史を読みなおす　先人に学ぶ防災』（中公新書）の一節に、今の掛川《かけがわ》市にいた本多《ほんだ》という大名が、そんなひどい支配をしていた様子を書きました。

しかし、徳川時代中後期になると、そのような残酷政治は減っていきました。少し前の時代劇では、いたるところに悪代官がいますが、これは史実と違います。徳川時代中後期の幕府代官は学問のある優れた人も多いのです。

ただ、問題なのはこの頃に目立ってきた「主従制下の官僚制」の弊害《へいがい》です。徳川政権の為政者は選挙で選ばれるわけではありません。将軍や大名や上役は、家柄のいい人たちで、下の者はその人たちに徹底して忠義を尽くすことが求められました。

たとえば、徳川後期の幕府で、下級武士が出世しようとすると、学問吟味《ぎんみ》と呼ばれる試験を受けます。そのうえで役所で働き、人当たりよく、上役からの「役割期待」に敏感で先回りして動くタイプが、出世しました。「主君や上役への忠誠心」を見せることで、どんどん出世できるシステムです。昇進するために、上が求めることを先回りしてやります。つまり、忖度《そんたく》するわけです。

「お国のために尽くしたい」という心情はたしかにあります。しかし、半面、承認欲求や競争心も強く、同僚より昇進したい欲望も強い人たちです。忠義立ての裏には、自分の立身出世が達成される欲得《よくとく》ずくの本音もあるわけです。

これは近代になって、この国の歴史に暗い翳《かげ》を落としました。明治以後も、政治家や官僚は「国のため」とよく言いました。しかし、近代の役人や政治家は、徳川時代の武士ほど、君主（天皇）や国家に対して純ではありません。この点は、歴史を見るうえで理解しておくべきです。立身したい。昇進したい。勲章《くんしょう》がほしい。あわよくば爵位《しゃくい》をもらって華族に列したい。そんな「身を立て、家を興す」ための損得勘定が「立身出世」の時代となった近代の軍人・官僚・政治家には、強く見られます。

昭和の戦争で日本は負け、焼け野原になってしまいました。政治家・軍人・官僚・教育者のよくない面が、いちばん露出してしまった時代です。

戦時中の嫌な史料を見てしまったことがあります。戦国を生き抜いた徳川時代の武士たちは、主君のために討ち死にもいとわぬ忠義を教えられました。そして、近代になってもそれは残りました。明治十年代後半から、明治国家は天皇に忠義、親に孝行という国民教育を強めたからです。家康が思いもよらなかった徳川時代の「忠孝」教育の「復活」です。ウルトラ国家主義になった昭和の戦時中、それが一般国民にまで強いられ、すさまじい雰囲気になっていきました。

京都市本能国民学校（小学校）の、とある校長さんは、昭和十八年（一九四三）の卒業アルバムで、卒業する児童に「征《ゆ》け、戦《たたか》へ、死ね」という祝辞をよせました。小学生に校長が戦争へ行って「死ね」と言ったのです。東京大空襲・戦災資料センターでそのコピーが展示されていました。

私は、この校長さんの「顔写真を見なくては」と思いました。

「どんな方が、どうして、こんなことを可愛《かわい》い子どもたちに言ってしまったのだろう、それをきちんと確かめないでは、歴史学者はやっていられない」

そういう思いからでした。私は京都市学校歴史博物館を訪ねて調べてみました。ところが本能小学校には、この昭和十八年に校長が児童に戦争へ行って「死ね」と書いたアルバムはなかったのです。敗戦後、日本中の役所で都合の悪い公文書が燃やされました。児童の思い出のアルバムも、校長の身を守るために隠滅されたのかもしれません。しかし、昭和十六年（一九四一）のはありました。日本がアメリカに「勝っている」とされた十七年（一九四二）のアルバムもあり、校長は日米開戦後、わずか三カ月で「我が忠勇《ちゅうゆう》なる陸海精鋭の進む所全く敵なく」勝利しているとし、「皆さんは真に生けるしるしある　大御代《おおみよ》（天皇の時代）に生まれ合わせた光栄を担」いながら卒業するのだ、と訓辞していました。

　校長さんの顔写真を見ると、いたって普通の、ちょっと目がタレた、むしろ、おとなしそうな中年のおじさんでした。まったく猛々《たけだけ》しいところは見受けられません。こういう人が、児童に戦争に行って「死ね」と、言ったのです。かえって、怖い気がしました。

　本心から、そう思っていたのかはわかりません。そういう役割期待に沿った話をする先生のほうが、職務に忠実で自分も出世できて得になると直感したのかもしれません。

　官僚は国家の歯車であり、国家の目標が定まると、機械的に動きます。当時、この校長は、自分の仕事は、国の要請に忠実に従い、戦地に送る国民を育てることだ、きっとそう思っていたことでしょう。ただ、戦国武士なら「戦いで手柄を」と訓辞するでしょうが、この校長は本末転倒させて、勝利より戦死を目的にしてしまっていました。

　きっと当時の京都の教育界では、「小学生に死ね」と教えたほうが、熱心な校長だと褒められ、立場がよかったのでしょう。それで、そんな話をしてしまったのなら、問題です。校長は当時のエリートです。通常人より判断力がないといけません。しかし、周囲に同調し、忖度し、生活を守る「ちっぽけな役人の身勝手」は、恐ろしいものです。いたいけな子どもに死ねと言って保身をはかることさえ起きかねないのです。

この校長さん、戦後の昭和二十二年（一九四七）には京都の教育界では顕職《けんしょく》といえる「岡崎中学校」の初代校長になりました。そして、今度は正反対のことをします。「平和の象徴、鳩《はと》に『中』を配し、自由・自律・友愛の精神をこめた校章制定」（岡崎中学校ＨＰ）しています。驚くべき、変わり身の早さです。こうやって日本の「戦後」は来ました。小学生は、戦時中の教科書に墨《すみ》を塗らされました。先生たちは皆「民主主義が大切」と急に、合唱し始めたのです。

この校長さんがそうしたのは、反省したからでしょうか。それとも、平和や自由をアピールすると、褒められる民主主義の流れになったからでしょうか。おそらく、その両方でしょう。官界・教育界など、日本の官僚組織では、こういうタイプが出世しやすい面があります。なんと、この校長さんは京都府の中学校長会長になり、校長会の全国化を強力に進め、戦後教育界のリーダーの一人になって終わりました（全日本中学校長会編『中学校教育二十年：いばらの道をひらく』全日本中学校長会）。

それにしても、本能国民学校で保管されるはずだった昭和十八年のアルバムは、どこにいったのでしょう。児童に戦争で「死ね」と言った校長の保身と出世のために、子どもたちの思い出のアルバムは、廃棄されたのでしょうか。

戦後、戦争で生き残った官僚や軍人・政治家の多くは変わり身も早いものでした。私は、歴史家として、まことにひどいエリート軍人や官僚の、ずるい振る舞いを見てきました。

私は、校長さんを責めたいわけではないのです。ただ、言いたい。先ほどの校長さんのような当時の学校教師の言葉を信じて、戦地に征き、「自分の大切な母や妹や同胞《どうほう》を守るためなら」と、戦死された方々の心を思うと、やりきれないのです。

官僚組織は機械です。昨日まで「天皇に忠義。大東亜戦争万歳」と言っていても、戦争に負けるとすぐに、「民主主義」とか「自由平等」と、宗旨《しゅうし》変えをするものです。敵であったアメリカなどの占領軍へ、さっさと協力して、奉仕先を切り替えました。

大事とする自己哲学の軸を持つ

家康も意図しなかったほどに、近代日本では「忠義」が暴走してしまいました。では、先ほどの校長さんのように、何にでも状況に同調してしまい、子どもに「死ね」と言ってしまう過《あやま》ちを避けるには、どうしたらよいのでしょうか。それには自分が大事とする考えの軸を持つことです。私は、歴史を考えるうえで「未来の子どもの幸せ」に価値を置く観点が大事だと思っています。これを軸にして歴史を見ています。そういう自分なりの哲学の軸がないと、ホモサピエンスという生物は、子どもに戦争で「死ね」と言ってしまうような無茶なところまでいってしまうのです。

私は児童に「死ね」と言った校長さんは、京都府校長会長に出世されていても、偉い人だとは思いません。自分のない恥ずかしい人だと思います。

大事なことがあります。こういう人を出世させてしまうのは、我々、人間の習性に原因がある点です。人間は一般に、地位や名誉や経済力を手に入れた人を「偉い」と勘違いしてしまうのです。しかし、それは違います。本当に偉い人は、世の人々の幸せに貢献した人です。人からモノや地位をたくさん奪い取った人ではなくて、人にモノや満足をたくさん分け与えた人です。

私がこう考えるようになったのは、学生時代に、物理学者のアルベルト・アインシュタインの随筆を読んだせいです。そこに、こう書いてありました。

「人の価値とは、その人が得たものではなく、その人が与えたもので測られる」

織田信長や豊臣秀吉は、人からさんざんモノや地位を奪って独り占めにした人です。全般、地位に就きたがる人には、気をつけないといけません。

それが歴史学者からの皆さんへの忠告です。特に、政治家と教育者を選ぶときは、他人のお世話が好きな人がいいのです。サービス精神と奉仕の心に満ちた人が向いています。選挙に行くときは、ぜひ、学歴とか毛並みとか、お金持ちだとか知名度だとかを見ないでください。これまでの仕事や生き様で、その人は「人に与えて世に貢献してきたか」を、しっかり見てください。

徳川社会は弱肉強食の戦国時代から生まれたものです。それで強者が偉い、権威に従え、という権威主義の一面も生じてしまいました。

私はよく、歴史少年に「どの戦国武将が好きですか」と聞かれます。戦国武将が、かつこいいと思っているのでしょう。「戦国武将は、ほとんど人を殺して地位を保っている人です。だから基本的に戦国武将は嫌いです」と、わざと言って、歴史少年には深くものを考えてもらうようにしています。

しかし、悲観ばかりするものでもないでしょう。徳川時代は途中で変われたのです。家康のつくった体制が行き詰まりかけたときに、既存の価値観にとらわれない人たちが、サロンをつくって集まり、後の世を変えるきっかけをつくりました。文化や芸術の力は、あなどれないものです。遊びや趣味の場を通して人脈を広げて、「徳川の壁」を打ち壊し、新しい体制へ移っていきました。

そこに現在の我々が参考とすべき、一つのモデルがあるのかもしれません。日本は今、衰退を続けています。新たな変革が起きるまで数十年かかるかもしれませんが、「徳川時代の壊れ方」にこそ、大いなるヒントが含まれているのです。

こういった長いスパンで歴史を捉えると、また違った面が見えてきます。

最後に付け加えます。世界の国の中で、落とした財布が一番無事に戻ってきやすいのは日本とされています。これも徳川時代の影響でしょう。今は「遵法《じゅんぽう》」のことをコンプライアンスなどといいます。ご法度に遵《したが》う精神です。

俗に「十両盗《と》れば首が飛ぶ」といわれます。徳川時代は法が厳しかったのです。犯罪者はすぐに死刑になりました。とりわけ十七世紀は、すさまじい死刑執行数です。都市の入り口には処刑した者の生首や遺体がさらされている有様です。「お上が恐ろしいので、法度は守る」という意識が強くなりました。徳川時代の日本を見た西洋人は、厳しい法と刑罰で「しつけられた国民」に驚いています（山本博文・大石学《まなぶ》・磯田道史・岩下哲典《てつのり》『外国人が見た近世日本　日本人再発見』角川学芸出版）。手塚豊《ゆたか》『明治初期刑法史の研究』（慶応義塾大学法学研究会）によれば、明治三年（一八七〇）でも、年間千人以上を死刑にしています。当時の日本人口は今の三分の一もありません。今なら毎年三千〜四千人を死刑にしている数です。

徳川時代は、村や町で住民が相互に監視しあっていました。それで犯罪を隠し通すことが難しく、そもそも「悪事をさせない他人の目」がありました。徳川時代は人々の定住が進み、親子代々、「家」が同じ場所で長く住み続けるのをよしとし始めました。犯罪などを犯して、自分のいる村や町で一度でも信用を失うと、「家の恥」とされ、その社会で生きていくのが困難になります。そうした上や外からの強制力が働いて、落とした財布が返ってきやすい社会になっていった面があります。江戸時代の日本は三千万人しかいない島国です。何百年間も毎年、千人も死刑にし続ければ、おとなしい、お上に従順な国民性になるのは、容易に想像がつきます。これが「徳川のしつけ」の真実で、日本史の恐ろしい秘部なのです。ですから、今日の日本人は徳川を超えて、人命を重んじ、権威には立ちどまって自分で考えることも大事です。

ただ、日本でよく法が守られるのは、徳川時代の「正直」という美徳も影響しています（桂木前掲書）。徳川時代に生まれた民話には、「正直爺《じい》さん」と「欲張り爺さん」がよく出てきます。正直者が最後に幸福になり、強欲者や嘘《うそ》をつく者が失敗するという話ばかりです。正直が美徳であり、欲を張るのは悪いことだという価値観が、そこにはあります。徳川の社会は、「正直さ」を要求していたのです。徳川の農村共同体は、なるべく同じメンバーで、それぞれの家を永続させていくことをよしとしています。村内で嘘をつかれると困るのです。年貢も村の連帯責任で納めていたからです。村人同士の「和」を大切にし、正直に隠し事をしない勤勉なメンバーが求められました。

この国の神道《しんとう》でいう清明心《せいめいしん》は、清きあかき心で、腹黒くない純真《じゅんしん》無《む》垢《く》な心に通じます。いってみれば「真っ正直な心」です。

「正直」や「勤勉」は、家康がつくった徳川時代が高めていった日本人の美徳です。家康が現代日本に遺《のこ》した最大の遺産は「正直」なのかもしれません。「百術は一誠《いっせい》にしかず」といいます。日本が貧しくなったとか、それを不安がる論調が多いのですが、経済的なものは結果にすぎません。正直さや勤勉さ、礼儀正しさ、好奇心の強さ、学びへの熱意、遊ぶ才能など、江戸人が持っていた美徳を失わないことのほうが、日本の将来にとって大事な気がします。日本と日本人が、家康がつくった長い平和の良いほうの遺産を、未来の人類の幸せに活かしていければ、よいのではないでしょうか。

初出一覧

第一～四章：『歴史街道』掲載記事を大幅加筆、修正

第五章：書き下ろし

PHP新書

PHP INTERFACE
https://www.php.co.jp/

磯田道史［いそだ・みちふみ］

1970年、岡山県生まれ。慶應義塾大学大学院文学研究科博士課程修了。博士（史学）。国際日本文化研究センター教授。専門は日本近世・近代史、社会経済史。主な著書に『武士の家計簿』（新潮新書）、『無私の日本人』（文春文庫）、『天災から日本史を読みなおす』『日本史の内幕』『日本史を暴く』（以上、中公新書）、『感染症の日本史』『徳川家康 弱者の戦略』（以上、文春新書）などがある。

家康の誤算

「神君の仕組み」の創造と崩壊

PHP新書 1372

二〇二三年十一月 九 日 第一版第一刷
二〇二三年十二月二十六日 第一版第四刷

著者――磯田道史
発行者――永田貴之
発行所――株式会社PHP研究所
東京本部――〒135-8137 江東区豊洲5-6-52
ビジネス・教養出版部 ☎03-3520-9615（編集）
普及部 ☎03-3520-9630（販売）
京都本部――〒601-8411 京都市南区西九条北ノ内町11
制作協力
組版――株式会社PHPエディターズ・グループ
装幀者――芦澤泰偉＋明石すみれ
印刷所
製本所――大日本印刷株式会社

ISBN978-4-569-85541-7

ＰＨＰ新書刊行にあたって

「繁栄を通じて平和と幸福を」（PEACE and HAPPINESS through PROSPERITY）の願いのもと、ＰＨＰ研究所が創設されて今年で五十周年を迎えます。その歩みは、日本人が先の戦争を乗り越え、並々ならぬ努力を続けて、今日の繁栄を築き上げてきた軌跡に重なります。

しかし、平和で豊かな生活を手にした現在、多くの日本人は、自分が何のために生きているのか、どのように生きていきたいのかを、見失いつつあるように思われます。そして、その間にも、日本国内や世界のみならず地球規模での大きな変化が日々生起し、解決すべき問題となって私たちのもとに押し寄せてきます。

このような時代に人生の確かな価値を見出し、生きる喜びに満ちあふれた社会を実現するために、いま何が求められているのでしょうか。それは、先達が培ってきた知恵を紡ぎ直すこと、その上で自分たち一人一人がおかれた現実と進むべき未来について丹念に考えていくこと以外にはありません。

その営みは、単なる知識に終わらない深い思索へ、そしてよく生きるための哲学への旅でもあります。弊所が創設五十周年を迎えましたのを機に、ＰＨＰ新書を創刊し、この新たな旅を読者と共に歩んでいきたいと思っています。多くの読者の共感と支援を心よりお願いいたします。

一九九六年十月

ＰＨＰ研究所